셀프 미술치료를 위한

그림으로 그리는

마음 일기장

김소울 저

Drawing Diary

학지사

프롤로그

　우리는 하루 종일 많은 생각을 하며 살아간다. 아침에 일어나서 어떤 옷을 입을지, 몇 시에 나가야 할지, 점심에는 무엇을 먹을지, 일이나 공부는 어떻게 효율적으로 할지, 밀린 과제 중 무엇을 먼저 해야 할지, 방 청소는 언제 어떻게 할 것인지 등. 그러나 이러한 생각들은 주로 내가 해야 하는 활동에 관한 것이지 '나 스스로'에 관한 것은 아니다. 과연 우리는 하루 중 얼마큼의 시간을 내서 스스로에 대해 생각을 하고 있을까? 돌이켜 보면 나는 어떤 사람이고, 어떻게 살아왔으며, 어떤 마음을 가지고 매일을 살아가고 있는지 생각해 본 적은 많지 않다. 하루하루 사는 것은 전쟁이고 우리는 다만 활동하기에 바쁘다. 하지만 우리 자신에 대한 내용 없이 활동으로 가득 찬 삶은 어느 순간 허무함과 허탈감으로 다가온다. 왜냐하면 우리의 삶에 '나'라는 존재가 지워져 버렸기 때문이다. 어쩌면 우리는 해야 하는 것, 살아야 하는 법, 선택하는 법에 앞서서 '나'라는 존재 자체를 이해해야 한다는 당연한 사실을 잊고 사는지도 모른다.

　그래서 '나'라는 존재를 이해할 수 있도록 나의 마음을 탐구할 수 있는 여러 가지 프로그램을 이 책 속에 준비했다. '나'라는 존재를 가장 잘 이해할 수 있는 것은 나 자신이다. 그렇기에 전문가의 그럴듯한 한마디보다 스스로가 찾아낸 나에 대한 내용은 더욱 값지게 다가온다. 이 책은 당신에게 "이래야 한다." "저래야 한다."라는 분석의 결과를 제공하지 않는다. 저 위에서 당신을 내려다보며 "당신은 이런 문제가 있군요. 이렇게 해결합시다."라고 말해 주지도 않는다. 다만, 이 책은 당신이 스스로를 찾아갈 수 있는 좋은 질문과 작업 프로그램을 제공할 것이다. 스스로를 탐구하기 위하여 준비해야 할 것은 열린 마음과 색연필만으로도 족하다. 색색의 예쁜 색연필을 준비하고 당신의 마음을 열어 보자.

책을 한 장, 한 장 넘겨 가면서 당신은 직접 그려진 그림과 다양한 질문들을 접할 것이다. 어떤 페이지에서는 그림을 그리라고 할 것이고, 어떤 페이지에서는 글을 써 보라고도 할 것이다. 쓱쓱 색을 칠하고 그림을 그려 내는 동안 당신의 마음은 당신이 의식적으로는 생각하거나 말로 꺼내지 못했던 다양한 모습들과 자연스레 마주할 것이다. 자극적이지 않고 자연스럽게 나타나는 이 감정들은 어쩌면 당신이 생존을 위해, 삶을 위해 외면했던 감정일지도 모른다. 강제로 꺼내진 감정이 아닌 나를 자연스럽게 탐색하는 과정에서 드러난 감정이기에 마주한 감정들을 인식하고, 치유하는 것은 우리에게 힐링으로 다가온다. 감정은 내가 알아주는 것, 꺼내 주는 것만으로도 스스로 치유가 되는 성질을 가지고 있기 때문이다.

우리가 인식하는 것 이상으로 우리 안에는 수많은 감정이 공존하고 있다. 하지만 우리가 일상적으로 관심을 가지고 도출하는 감정들은 삶에 필수적인 강력한 감정들이 대부분이다. 삶이 각박하고 여유가 없기에 우리는 감정들의 밸런스가 맞춰지지 않은 상태에서 미세한 감정들을 쉽게 내버려 두고 말았던 것이다. 이렇게 내가 알아봐 주기를 바라며 오랜 시간 방치되었던 감정들을 알아주고 어루만져 주는 시간을 가져 보자.

특별히 화낼 일도 아닌데, 어떤 말에 갑자기 욱하고 화가 난 적이 있었는가? 혹은 누군가가 그냥 이유 없이 미울 때가 있었는가? 내 안에 또 다른 내가 살고 있다는 생각이 든 적은 없었는가? 우리는 여러 가지의 '나'와 함께 살아간다. 그렇기에 내 안에는 긍정적인 나도, 부정적인 나도 모두 존재하고 있다. 내 안에 다양한 생각을 가지고 있는 '나'만의 모습들과 더 알아가며 친해지는 시간을 가져 보자. 모두 각자 다른 모습이지만 모두 '나'라는 소중한 존재이다. 내 안에 존재하면서 내가 그릇된 생각을 갖게 하기도 하고, 내가 편협한 생각을 하게 만드는 또 다른 나를 이해하는 시간을 가져 보자.

이렇듯 다양한 나로 이루어진 종합적인 나에 대해 스스로 갖는 자존감은 어떠한가? 나는 무엇을 잘하고, 무엇으로부터 힘을 받고 있는가? 나는 그동안 얼마나 열심히 살아왔고, 또 그로 인해 얼마나 많은 것을 성취해 왔는가? 나는 생각보다 더 많은 자원을 가지고 있는 존재이다. 그리고 무수히 많은 가능성을 가지고 있는 존재이다. 그런데 그것을 알아주지 않는 것은 가장 가까이에 있는 나 스스로이다. 나를 더 알아가고 다독여 주는 시간을 가져 보자. 내가 얼마나 소중하고 빛나는 존재인지, 그동안 얼마나 잘해 왔는지 알아주고 칭찬해 주자.

그리고 마지막에는 나에게 힐링의 시간을 주자. 살아가다 보면 여기저기 부딪히며 크고 작은 상처들이 생겨난다. 어떤 상처는 치유를 받아 잘 아물기도 하지만, 어떤 상처는 그대로 마음속에 묻히기도 한다. 꺼내 보고 싶지만 선뜻 용기가 나지 않는 기억들도 있다. 이런 나에게 필요한 위로와 토닥임은 어떤 것인가? 너무 나를 몰아세우고 힘들게 하고 있지만은 않았는가? 내가 힘이 들 때 나를 가장 알아줄 수 있는 사람은 바로 나 자신이다. 기특하고 고마운 나에게 어떤 위로를 선물해 주고 싶은가? 내가 조금 더 편안해질 수 있도록 나에게 힐링을 선물하자.

마음 일기장
사용법

나의 마음을 알아 가기 위해서는 어떻게 해야 할까?

나의 마음에 힐링을 주기 위해서는 어떻게 해야 할까?

　사람들은 자신의 마음에 대해 궁금해하면서도, 실제로 스스로의 마음을 알아 가기 위한 어떤 시도도 하지 않는 경우가 더 많다. 마음을 모른 채 살아간다는 것은 내가 어떤 사람인지, 무엇을 하고 싶은지, 무엇 때문에 힘들어하는지에 대해 알지 못한 채 살아가게 된다는 것을 의미한다. 그런 점에서 이 책을 펼친 당신은 운이 좋은 사람이다. 마음을 알아 가기 위한 첫 걸음을 내딛었기 때문이다.

　이곳은 당신의 마음을 위한 공간이다. 그렇기 때문에 이 마음 일기장은 누군가와 함께 공유하거나 돌려 보는 그런 책은 아니다. 어두운 밤에 조용히 일기를 써 내려가듯, 당신 혼자만의 생각과 감정을 담아내는 비밀의 공간이다. 이 책이 끝날 때 즈음, 당신은 스스로의 마음에 무엇이 있고, 왜 그런 마음이 생겨났으며, 그 마음을 어떻게 다루어야 할지에 대해 전보다 더 잘 알 수 있을 것이다.

　마음 일기장은 순서대로 작성할 필요가 없다. 목차나 책의 구성을 살펴보다가 원하는 프로그램이 있다면 중간에 있는 그림을 그려도 무관하다. 그러나 하나의 목차 아래에 연계된 프로그램인 경우에는 순서대로 작성하기를 권한다. 이 책의 맨 뒤에는 감정단어 리스트가 적혀 있다. 자신의 감정을 단어로 떠올리기 어려울 때에는 감정단어 리스트를 참고하기 바란다.

마음 일기장은 총 네 개의 장으로 구성되어 있다. 1장에서는 자신의 감정과 인식을 살펴보며 스스로에 대해 알아가는 탐색의 시간을 가진다. 2장에서는 당신의 마음속에 존재하는 또 다른 자아와 대면하고 수용하는 시간을 가진다. 3장에서는 당신의 자존감에 대해 다룰 것이며, 마지막으로 4장에서는 당신의 마음을 위한 힐링의 시간이 준비되어 있다.

각 프로그램에는 당신이 마음 일기장에서 무엇을 어떻게 그려 나가야 하는지에 대한 설명이 간단히 적혀 있다. 마음 일기장은 가능하면 다른 사람들의 방해를 받지 않는 공간에서 휴대전화에 신경 쓰지 않고 작성하는 것이 좋다. 이를테면 지친 하루를 마무리하는 한밤중이나, 카페에서 혼자 누군가를 기다려야 하는 상황 등이 좋을 것이다. 색연필은 최소 12색만 갖추어도 마음 일기장을 작성하는 데 문제없지만, 더 많을수록 더 다양한 표현이 가능할 것이다. 가능하면 모든 그림에 색을 채워 넣고, 칸이 지정되어 있을 때에는 칸을 가득 칠하도록 해 보자. 더 좋은 결과물을 만나 볼 수 있을 것이다.

그림을 그렸다면, 그다음 페이지를 열어 보자. 당신이 막 완료한 프로그램의 이야기가 뒷면에 적혀 있다. 그림을 그린 후 바로 이 이야기들을 읽어 내려가기를 추천한다. 이야기가 끝나는 곳에는 당신의 마음을 향한 질문이 준비되어 있다. 책의 공란이나 별도의 노트에 질문에 대한 대답을 적어 보자.

차례

✏ chapter 3 수고했어, 내 마음

✏ chapter 4 힐링이 필요해

나, 이런 사람이야!

01 나의 이름에 대하여

🕐 예상 소요시간: 40분

✏️ 편안한 의자에 앉아 심호흡을 해 보자.

✏️ 자신의 호흡이 어떤 느낌으로 들어가고 나가지는 확인해 보자.

◉ 호흡의 깊이는 얕은가, 깊은가, 보통인가?

◉ 호흡의 속도는 빠른가, 느린가, 보통인가?

◉ 호흡을 크게 하면 불편한 신체의 부위는 없는가?

◉ 호흡을 할 때 심장 박동의 변화는 어떠한가?

◉ 나의 몸을 돌아 바깥으로 나가는 호흡이 느껴지는가?

◉ 나라는 존재가 살아있음을 느낄 수 있는가?

✏️ 자신의 이름 석 자를 위에 있는 공간에 적고, 자유롭게 꾸미자. 글씨는 두껍게 적어도 좋고, 글자 하나하나를 사물로 표현해도 좋으며, 추상적인 패턴을 만들어도 좋다.

✏️ 아래 공간에는 자신이 불리고 싶은 이름을 적도록 하자. 그 이름이 무엇을 상징적으로 나타낸다면 그 대상을 나타낼 수 있는 이미지를 주변에 함께 꾸며도 좋다.

'이름'이라는 단어는 한국 중세어에서 '일홈' '일훔' 등으로 표기되었지만 '이르다' '나' '말 하다'의 뜻을 가진 옛말 '닐다'에서 출발하여 '닐홈' '일홈' '이름'으로 발전된 것이라는 의견이 가장 유력하다. 과거에 사람의 이름은 특권층을 위한 것이었다. 천민이나 노비는 부르기 쉬운 이름을 적당히 지어 사용하였으며, 서양에서도 노예에게는 이름을 붙여 주지 않았다. 그러나 현대사회에서 모든 인간은 이름을 가지고 있고 우리나라에서는 공식적으로 이름 석 자가 주 민등록증에 적혀 있다.

이름은 나를 나타내는 가장 핵심적인 단어이며 나를 세상에 존재하는 누군가로 규정짓는 명사이다. 정확히 말하면 이름(名)이라는 단어는 성(姓)까지 포함하는 단어는 아니다. 성은 가 족이 공유하는 명명 체계이지만, 이름은 한 개인의 것으로 고유하다. 그래서 이름에는 '낱낱 의 특정한 사물이나 사람을 다른 것들과 구별하여 부르기 위하여 고유의 기호를 붙인 이름'이 라는 뜻의 고유명사(固有名詞)라는 표현을 쓴다.

이름은 한 국가의 대통령부터 한낱 미물까지도 저마다 가지고 있는 호칭이다. 이름이 있기 때문에 우리는 누군가를 생각하며 부를 수 있고, 누군가에 대해 이야기할 수 있다. 심지어 우 리는 태어나기 전부터 이름을 가지게 된다. 바로 '태명'이라고 불리는 것이다. 임신 사실을 알 게 된 부모는 아직 태어나지도 않은, 손톱보다도 작은 태아에게 이름을 붙여 준다. 이때 부모 가 태아에게 이름을 붙이는 이유는 다른 어머니의 배 속에 있는 태아와 자신의 태아를 구분하 기 위해서는 아닐 것이다. 태명을 붙이는 이유는 언어가 가진 창조적 힘 때문이다. 어떠한 의 미를 담아 이름을 붙이고 그 이름을 계속 불러 준다면, 이름은 그 의미대로 작용하는 적극적 인 힘을 가지고 있다.

누군가가 당신의 이름을 부른다면, 그것은 단순한 이름 석 자에 대한 단어의 발음이 아닌, 당신이라는 정체성이 있는 하나의 인격을 지칭하는 영혼의 소리이다. 모든 문자는 고유의 파 동을 가지고 있고, 고유의 힘을 가지고 있다. 모든 언어에 창조적인 힘이 있기 때문에, 사람들 은 이름이 가진 이미지와 기운을 무시하지 못하는 것이다. 그러한 이유로 최근 많은 사람이 개명을 시도한다. 이름을 새롭게 선택함으로써 새로운 방향의 인생을 선택하겠다는 의도이 다. 같은 날, 같은 공장에서 생산된 천에게도 하나에는 걸레라는 이름을 붙이고 하나에는 수 건이라는 이름을 붙인다면 같은 대상을 바라보는 우리의 시선이 달라진다. 이처럼 이름도 지 어지는 순간 그 이름으로 인하여 생겨나는 파장이 삶에 영향을 미치게 된다.

그렇기에 자신의 이름을 그려 보고 꾸며 내는 작업은, 자신의 고유한 명명어인 이름을 재탐 색해 보고 새롭게 경험해 보는 중요한 작업이다. 또한 자신이 불리고 싶은 이름을 만들어 보고 그 이름이 가지는 상징적인 이미지, 비전, 꿈 등을 시각화하여 표현하는 작업은 단순히 불리고 싶은 단어의 나열이 아니다. 바라고 원하는 자신의 모습에 대한 소망의 표현이다.

어렸을 때, 신학기가 되면 친구들 앞에서 자기소개를 할 일이 많았다. 그때에는 다른 무엇보다도 자신의 이름을 가장 먼저 소개했을 것이다. 자신의 이름이 무슨 뜻을 가지는지, 성이 무슨 뜻을 가지는지 친구들에게 알려 주었을 것이고 다양한 별명들도 소개하였을 것이다. 아이들의 별명은 단순하고 이름과 비슷한 단어에서 선택되기도 하지만, 그 아이의 특징을 나타낸 표현이 되기도 한다. 그래서 아이들에게 자기소개를 할 때 별명도 함께 소개하도록 하는 경우가 많다. 그러나 어른이 되어 가면서 우리의 이름 뒤에는 여러 가지 요소가 뒤따르기 시작한다. 출신 학교, 전공, 직업, 직장에서의 위치 등이 그것이다.

시간이 지나면서 원래 이름이 아닌 다른 이름을 쓰게 되는 경우도 생겨난다. 인터넷상의 활동영역이 넓어지면서 이메일의 아이디나 웹에서의 닉네임이 자신을 나타내는 이름을 대체하는 경우가 그것이다. 또한 여러 사회에서의 호칭과 가족 내에서의 호칭이 자신의 이름을 대신하기도 한다. 그렇기 때문에 나의 이름 그리고 내가 불리고 싶은 이름에 대해 탐색하는 것은 나의 뿌리를 들여다보는 첫 번째 과정이 될 것이다. 이름은 한 사람의 삶의 중심이자, 한 개인이 처음으로 명명된 고유한 정체성이다.

16

🍰 마음 살펴보기

• 내가 그린 이름을 보자. 느낌이 어떠한가?

➜ _____

• 부모님이 주신 나의 이름에는 어떤 의미가 있는가?

➜ _____

• 나의 성(姓)에는 어떤 의미가 있는가?

➜ _____

• 나는 내 이름의 어떤 부분이 마음에 들지 않는가?

➜ _____

• 나는 내 이름의 어떤 부분이 마음에 드는가?

➜ _____

• 이름이 너무 흔하거나 특이하다고 생각한 적은 없는가?

➜ _____

• 지금까지 나의 이름을 가장 많이 불러 준 사람은 누구인가?

➜ _____

• 최근 나의 이름을 가장 많이 불러 준 사람은 누구인가?

➜ _____

• 나와 똑같은 이름을 가진 사람을 만났을 때 어떤 기분이 드는가?

➜ _____

• 연예인이나 유명인 중에 나와 이름이 같은 사람이 있는가?

➔ _____

• 내가 불리고 싶은 이름은 어떤 의미가 있는가?

➔ _____

• 그 이름을 선택한 이유는 무엇인가?

➔ _____

• 그 이름에서 가장 먼저 느껴지는 감정은 무엇인가?

➔ _____

• 개명할 기회가 있다면 바꾸고 싶은가?

➔ _____

• 내가 작가나 예술가가 되어 필명을 쓸 기회가 생긴다면 어떤 이름을 쓰고 싶은가?

➔ _____

• 사랑하는 사람으로부터 불리고 싶은 애칭은 무엇인가?

➔ _____

• 내가 가장 자주 쓰는 이메일의 아이디는 무슨 뜻인가?

➔ _____

○2 기본 감정 탐색하기

🕐 예상 소요시간: 40분

활동 1

✏️ 분노, 슬픔, 공포, 행복이라는 강력한 감정을 떠올려 보자. 이런 감정들이 일상에서 일어나는 순간과 그때의 대화와 행동들을 각각 명확하게 구분하며 재경험해 보도록 한다.

✏️ 분노의 기분을 느낄 때에는 몸을 부들부들 떨면서 화가 난 목소리로 이야기해도 좋고, 행복의 기분을 느낄 때에는 방방 뛰면서 소리를 지를 수도 있다.

✏️ 이러한 감정들을 진정시키기 위해 내가 할 수 있는 일들을 떠올려 보자. 친구와 수다 떨기, 좋아하는 책 읽기, 따뜻한 물로 샤워하기, 스트레칭하기 등과 같은 일이 될 수 있다.

✏️ 자신의 감정에 충분히 집중한 뒤, 그때의 경험, 느낌 등을 떠오르게 하는 색과 패턴을 떠올려 보자.

✏️ 느낌을 보다 더 구체적으로 떠올릴 수 있도록 패턴을 직접 네모 칸 안에 그리고 색을 칠해 나가도록 한다. 이때 네모 칸이 빈 곳 없이 가득 칠하도록 한다.

분노

슬픔

공포

행복

네 가지 기본 감정을 구분하고 분리하는 작업은 감정을 인식하고 명확히하기 위한 중요한 작업이다. 기본 감정을 다루는 작업은 어떤 상황이 닥쳤을 때 자신의 감정을 정확히 인식하게 함으로써, 직면한 사건을 감정을 다루어 해결해야 할지, 다른 해결책으로 대처해야 할지에 대한 명확한 판단을 가능하게 할 것이다. 어떤 사람들은 기분이 우울할 때 음식을 먹거나, 술을 마시거나, 무언가를 부수거나, 잠을 자거나, 다른 일을 한다. 감정에 직접 대면하지 않고 다른 방식으로 해소하는 것이다. 이런 사람들은 대부분 자신의 감정을 숨기는 것에 익숙하고, 주변에 감정을 표현하지 않으며, 자신의 감정을 스스로도 파악하지 못하는 경우가 많다.

감정을 명확히 인식하는 작업은 심리치료 현장에서 '감정의 회복'이라고 불리기도 한다. 정확히 인식되지 않은 감정은 존재하고 느껴지지만 오랜 시간에 걸쳐 상처입고 다쳐 있는 상태이기 때문에 감정의 주인조차 그것을 제대로 파악하지 못하고 있다. 여기서 잊지 말아야 할 것은 감정은 몸과 마음에게 우리의 삶에서 일어나고 있는 중요한 신호에 관한 정보를 주려고 노력하고 있다는 것이다.

분노의 감정은 우리가 원하는 것을 얻지 못했거나 우리가 원치 않은 것을 얻었다는 신호이다. 모든 상황에 적용되지 않을 수도 있지만, 화를 냄으로써 우리는 우리에게 필요한 것을 얻도록 하거나 필요 없는 것을 버릴 수 있게 된다.

슬픔의 감정은 무엇인가를 상실하였음에 대한 신호이다. 필요한 경우에는 타인의 힘든 상황을 공유하는 것도 가능하며, 누군가로부터 위로를 받기 위한 수단으로 슬픔의 감정이 사용되기도 한다.

공포의 감정은 위험이 닥쳤다는 신호이다. 일반적인 공포 반응은 '싸우기'와 '피하기' 메커니즘으로 구성되어 있다. 어떤 것으로부터 위협감을 느꼈을 때, 인간이 할 수 있는 반응은 그 위협에 맞서 싸우거나, 위협에서 벗어나 안전함을 찾는 것이기 때문이다. 생태계에서 만약 어떤 동물이 공포 감정을 느끼지 않는다면 그 동물의 생존확률은 낮을 것이다. 인간도 마찬가지로 공포 감정을 느낌으로써 스스로에게 유리한 선택을 하게 된다.

행복의 감정은 기쁨, 만족, 즐거움에 대한 긍정적 반응이다. 행복의 감정을 느낄 때 우리는 미소 짓거나 웃게 되며, 이 웃음을 통해 미래에 더 큰 행복감을 느낄 기회가 증가하게 된다. 감정은 단순하게 순간적으로 느껴지는 것뿐만 아니라 우리가 어떤 방향으로 나아갈지에 대한 중요한 신호이며 행동의 동기가 되는 것이다.

활동 2

✏ 앞서 네 가지 기본 감정을 그린 패턴에 집중해 보고 각 감정을 나타낼 수 있는 하나의 색을 각각 선택해 보자.

✏ 선택한 감정의 색들을 물감튜브 그림 안에 빈틈없이 칠해 보자.

✏ 네 가지 감정은 이제 내가 물감처럼 상황에 따라 섞어서 사용할 수 있다. 주어진 상황을 읽고, 각 상황에서 나는 어떤 감정을 얼마나 사용하고 있는지 살펴보자.

✏ 감정 물감을 섞어서 상황에 대한 새로운 패턴과 색을 만들어 보자.

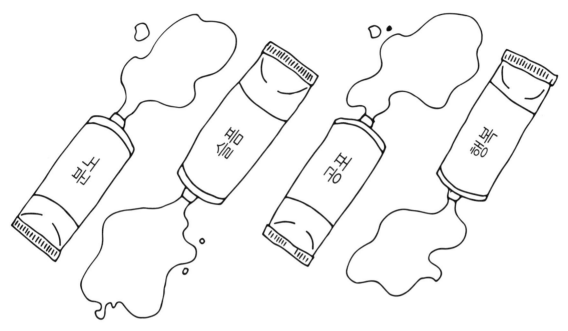

길을 걷다가 지갑을 잃어버렸다는 사실을 깨달았습니다.
이때의 감정은 어떤 색일까요?

믿었던 친구가 나의 뒷담화를 했다는 사실을 알았습니다.
이때의 감정은 어떤 색일까요?

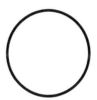

응모했던 경품이벤트에서 유럽여행에 당첨되었다는 소식을
들었습니다. 이때의 감정은 어떤 색일까요?

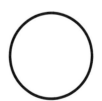

친구로만 생각했던 이성 친구에게 고백을 받았습니다.
이때의 감정은 어떤 색일까요?

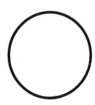

🍰 마음 살펴보기

• 가장 최근에 분노의 감정을 느꼈던 때는 언제인가?

➜ _____

• 나는 무엇 때문에 분노의 감정을 느꼈는가?

➜ _____

• 분노할 때 나의 신체 반응은 어땠는가?

➜ _____

• 나는 화가 날 때 잘 표현하는가 아니면 속으로 삭히는 편인가?

➜ _____

• 내가 최근에 슬픔의 감정을 느꼈던 때는 언제인가?

➜ _____

• 나는 무엇 때문에 슬픔의 감정을 느꼈는가?

➜ _____

• 나는 슬플 때 눈물을 잘 흘리는 편인가?

➜ _____

• 나는 슬플 때 누군가의 위로가 필요한가 아니면 혼자만의 시간이 필요한가?

➜ _____

• 내가 최근에 공포의 감정을 느꼈던 때는 언제인가?

➜ _____

• 나는 무엇 때문에 공포의 감정을 느꼈는가?

➜ _____

• 공포 상황에서 나의 신체 반응은 어땠는가?

➜ _____

• 나는 공포를 느낄 때 피하는 편인가 아니면 공포에 맞서는 편인가?

➜ _____

• 내가 최근에 행복함을 느꼈던 때는 언제인가?

➜ _____

• 나는 무엇 때문에 행복의 감정을 느꼈는가?

➜ _____

• 행복할 때 보이는 나만의 표현 방법이 있는가?

➜ _____

• 나는 행복한 감정을 느낄 때 누구를 가장 먼저 찾게 되는가?

➜ _____

03 열두 가지 감정 탐색하기

🕐 예상 소요시간: 45~50분

✏ 책 맨 뒤의 '감정단어 리스트'에서 자신에게 해당하는 단어를 각각 골라 보자.
- 🔘 이 중 가장 자주 느끼고 싶은 감정은?
- 🔘 이 중 떠올리고 싶지 않지만 자주 느끼는 감정은?
- 🔘 이 중 자주 느끼지 못하지만 자주 느끼고 싶은 감정은?
- 🔘 이 감정 중 나만 알고 있는 감정은?
- 🔘 이 중 다른 사람에게 내가 자주 드러내는 감정은?

✏ 오른쪽에 적힌 열두 개의 감정에 집중하며 각 감정이 자신에게 의미하는 특징들을 패턴으로 시각화한다.

✏ 각기 다른 패턴으로 12개의 감정을 그린 후, 네모 칸이 가득 찰 수 있도록 패턴을 칠한다.

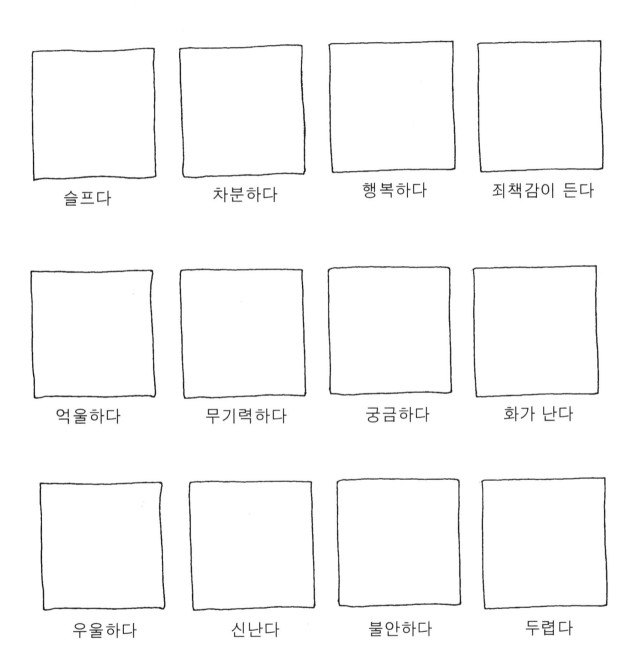

슬프다	차분하다	행복하다	죄책감이 든다
억울하다	무기력하다	궁금하다	화가 난다
우울하다	신난다	불안하다	두렵다

완성된 감정 카드를 펼쳐 놓아 보면 비슷한 느낌으로 그룹을 만들 수 있는 감정들이 보일 것이다. 때로는 단어 그 자체로는 비슷하다고 생각하지 않았던 감정들이 그림상에서는 비슷하게 그려진 경우도 있다. 예를 들어, '화가 난다'는 감정이 '불안하다' 혹은 '신난다'와 비슷하게 그려진 경우가 그 예이다. 명확히 구분되지 않고 혼란스럽게 보이는 감정이 있다면, 이 감정을 자신이 가족과의 관계에서 어떻게 느껴 왔는지, 친구들과의 관계에서 어떻게 사용하였으며, 현재 이 감정에 대해 자신이 어떤 방식으로 인지하여 왔는지에 대해 글로 풀어서 적어 볼 필요가 있다.

부모들이 자녀를 양육하면서 자신의 감정에 대해 풍부하게 표현하는 경우는 흔치 않다. 특히, 우리나라의 경우 성인이 된 자녀와의 대화에서도 부모는 주로 자신의 감정을 감춘 채 대화하는 모습을 보인다. 이러한 문화적인 특징 때문에 글을 배우는 과정에서 단어로서 감정을 명확하게 배우고 습득하는 과정이 대부분 생략되는 것이다. 화가 날 때마다 우는 어머니의 모습을 지켜보며 자란 아이는 '화가 난다'와 '슬프다'의 감정에 혼란을 가지며 성장하게 된다.

비슷한 자동적 신경반응을 일으키는 감정들은 한데 묶여 비슷하게 인식되기도 한다. 예를 들어, '화가 난다' '불안하다' '신난다'의 감정은 모두 심장 박동 수를 증가시키며, 호흡이 얕아지고, 몸에 땀을 배출시킨다. 만약 아이가 '화를 내지 말아야지'라고 생각할 때마다 '불안하다'와 '신난다'와 같이 신체적으로 비슷한 작용을 하는 감정들과 혼돈하며 성장한 경우, 성인이 되어서도 비슷한 신체기질을 불러일으키는 감정들을 동시에 억압하게 될 수 있다. 이것이 자신의 감정을 정확히 파악하고 분리하는 탐색의 과정이 필요한 이유이다. 어떤 감정을 마주했을 때, 그 감정과는 전혀 다른 새로운 감정이 생기거나 기분이 나쁘거나 우울해지는 경험을 한 적이 있을 것이다. 분명 누군가 호의로 도와주었는데 기분이 나빠진다던가, 칭찬을 받았는데 화가 나는 등의 경험이 그 예가 될 것이다.

외로운 감정이 들 때 음식을 먹는 사람도 있고, 우울한 감정이 들 때 자극적인 요소를 찾는 사람들도 있다. 자신의 감정과 행동이 어떤 방식으로 연결되었는지를 알기 위해서는 감정을 느끼는 순간의 상황과 그때 떠오르는 자동적인 생각들에 대해 파악하는 것이 중요하다. 그러나 이러한 탐색의 과정 이전에, 자신의 감정자체의 판단에 혼돈이 있는지에 대해 먼저 파악할 필요가 있다.

자신의 감정을 계속해서 세분화하고 구별하는 노력을 일상에서도 해 보자. 어떤 감정이 발생하였을 때, 합리적이고 적절한 감정의 표출인지 점검해 보는 것이다. 또한 여기에서 그린 12가지 감정카드를 시간이 지난 후 다시 살펴본다면 자신이 감정을 인식하는 방식이 어떤 방향으로 변화하였는지 알 수 있을 것이다. 감정의 분화와 명확화는 자기 탐색에 있어서 가장 필수적인 단계이다.

🍰 마음 살펴보기

- 12가지 감정 중 비슷한 느낌으로 그루핑 할 수 있는 단어는 무엇이 있는가?

  ➜ _____

- 그루핑 한 단어 중 머리로는 다르게 생각했던 단어인데 비슷한 느낌으로 표현된 단어가 있는가?

  ➜ _____

- 있다면 그 단어들은 무엇인가?

  ➜ _____

- 최근 그 감정 단어를 느꼈던 사건은 무엇인가?

  ➜ _____

- 아침, 점심, 저녁, 밤에 각각 가장 많이 사용하는 감정은 무엇인가?

  ➜ _____

- 나에게 슬픔을 떠오르게 하는 대상 3가지는 무엇인가?

  ➜ _____

- 하루 중 차분한 느낌이 드는 3번의 순간은 언제인가?

  ➜ _____

- 내가 행복하다는 것을 확인할 수 있는 3가지는 무엇인가?

  ➜ _____

- 나에게 현재까지 죄책감을 느끼게 하는 3가지 사건을 기억해 보자.

  ➜ _____

• 손해 보는 것 같은 억울한 느낌을 가졌던 3가지 기억을 떠올려 보자.

➜ _____

• 아무것도 하고 싶지 않고 할 의미도 느끼지 못하는 무기력한 기분을 느낄 때 떠오르는 3가지 생각을 적어 보자.

➜ _____

• 내가 더 알고 싶고 배우고 싶고 찾아보고 싶은 3가지 대상은 무엇인가?

➜ _____

• 반복적으로 나를 화나게 하는 상황 3가지를 떠올려 보자.

➜ _____

• 우울할 때 나에게 필요한 3가지는 무엇인가?

➜ _____

• 내가 아주 신날 때 마음속에 떠오르는 3가지 단어는 무엇인가?

➜ _____

• 나를 불안하게 하는 3가지 요소를 적어 보자.

➜ _____

• 내가 두려워하는 3가지 대상을 적어 보자.

➜ _____

04 내가 가장 자주 사용하는 감정은 무엇일까

🕐 예상 소요시간: 40분

활동 1

✏️ 오른쪽에 주어진 12가지 감정의 이름을 보고, 이 감정들에 대해 생각해 보자. 각 감정이
나에게 육체적으로 어떤 영향을 주며 나의 선택에 어떤 영향을 주는가?

✏️ 행복의 감정에 대해 생각해 보자. 행복을 상징하는 색은 무엇인가? 하나의 색을 선택하
여 칠해도 좋고, 두개 혹은 세 개의 색을 혼합하여 칠해도 좋다. 어떤 패턴이나 모양이
드러나지 않는 하나의 색으로만 행복을 표현해 보자.

✏️ 이어서 나머지 11개의 감정도 같은 방식으로 진행해 본다.

행복 ◯   분노 ◯

불안 ◯   지루함 ◯

슬픔 ◯   공포 ◯

외로움 ◯   수치심 ◯

우울함 ◯   좌절감 ◯

혼란감 ◯   위축감 ◯

34

활동 2

✏ 자주 사용하는 12가지의 감정 중 하루에 가장 많이 사용하고 있는 감정은 무엇인가? 그 상황을 나열해 보자.

✏ 이 중 전혀 사용하지 않는 감정이 있는가? 이 감정을 사용하지 않는 특별한 이유가 있는 가? 이 감정이 나에게 주는 특정 정서가 있는가?

✏ 오른쪽에는 나의 하루 감정이 담겨 있는 만다라가 있다. 내가 사용하는 감정의 빈도에 맞춰 만다라를 완성해 보자. 자주 사용하는 감정은 더 많이, 덜 사용하는 감정은 조금 만 칠해 주면 된다.

😊 우리는 하루에도 수많은 감정을 느끼고 살아간다. 그러나 하루를 마감하며 기억에 남는 감정은 주로 가장 강렬했던 한두 가지의 감정뿐이다.

감정은 우리의 행동에 영향을 미친다. 그리고 사람을 대하는 태도와 언어에도 영향을 미친다. 즉, 우리의 대인관계와 일에도 감정이 개입을 한다는 것이다. 그렇기 때문에 내가 오늘 일이 잘 풀리지 않고, 사람들과의 관계에서 삐걱거림이 있었다면 나의 감정을 먼저 들여다보는 것이 중요하다.

감정의 노출과 감정의 인식, 감정의 수용은 서로 밀접하게 연계되어 있다. 감정을 노출해야만 감정을 인식할 수 있고 인식을 통해 감정을 수용할 수 있기 때문이다. 여기서 노출이란 단순한 표출이 아닌 감정에 대한 시각적·언어적 보고를 의미한다. 그렇기 때문에 그림을 그리며 감정을 색으로 표현하고, 자신이 사용한 감정의 양을 구획화하여 확인하는 작업은 감정 인식에 매우 의미 있는 작업이 된다.

사람이 감정을 느끼는 것은 살아가는 데 있어서 자연스러우면서도 필수적인 과정이다. 추우면 옷을 더 껴입고 더우면 벗듯이 감정도 사람의 신체적·심리적·사회적 건강과 안전함을 위해 작동하는 자연스러운 기능이라는 것이다. 그렇기 때문에 감정을 억압하면 신체적으로도 건강하지 않게 된다.

부정적인 감정을 계속해서 지니고 있을 경우, 근육이 경직되고 혈액순환이 잘 되지 않은 경험을 한번쯤 해 보았을 것이다. 또한 감정 억압이 너무 오랫동안 지속되면 감정이 둔해지는 경우도 발생한다. 둔해진 감정은 친밀한 대인관계에 영향을 미치게 되는데, 친밀한 관계라는 것이 기본적으로 솔직한 서로의 감정 교류를 바탕으로 작용하기 때문이다. 오랜 시간 자신의 감정을 억압하고 주변의 요구에 맞추며 살아온 사람들이 속 깊은 친구를 가지지 못하는 이유는 바로 이 때문이다. 자신의 감정이 무엇인지, 어떤 감정을 주로 선택하며 살아왔는지를 탐색하는 것은 나 스스로에 대한 인식뿐만 아니라 대인관계에서의 불편함을 줄이기 위해서라도 반드시 필요한 작업이다.

🍰 마음 살펴보기

• 작품을 전체적으로 보며 작품의 색상에 집중해 보자.

➜ _____

• 어떤 색이 가장 두드러졌는가?

➜ _____

• 어떤 색이 가장 중심에 있는가?

➜ _____

• 어떤 색이 맨 위에 있는가?

➜ _____

• 어떤 색이 맨 아래에 있는가?

➜ _____

• 어떤 색이 숨겨진 듯이 칠해져 있는가?

➜ _____

• 어떤 색이 전체를 감싸고 있는 느낌인가?

➜ _____

• 나는 오늘 사용한 이 감정의 패턴을 내일도 비슷하게 사용할 것인가?

➜ _____

• 감정과 감정 사이에 영향을 주고받은 관계가 있는가?

➜ _____

• 만약 그렇지 않다면 그 이유는 무엇인가?

➜ _____

• 내가 평소에 참고 보여 주지 않는 감정들이 많은가? 그 감정들은 내 안에서 어떻게 해소되고 있는가?

➜ _____

05 난화 그리기

🕐 예상 소요시간: 30분

활동 1

🖊 눈을 감고 머릿속에서 자유롭게 떠오르는 추상적인 기분, 감정, 정서의 찰나를 붙잡아 본다.

🖊 손에 검정색 펜을 들고 손을 떼지 않은 상태에서 머릿속에 떠오른 느낌을 한 번에 그려 나가도록 한다. 자신이 만족스러울 때까지 이 과정을 지속한다.

🖊 선 그리기를 마친 후, 그 안에서 보이는 형태를 최대한 많이 찾는다.

🖊 찾은 형태를 구체화하기 위해 추가적인 그림을 그린다. 예를 들어, 돼지의 얼굴을 찾았 다면 눈과 돼지 꼬리를 그려 줄 수 있다.

🖊 찾은 형태에 색을 칠한다.

SCRIBBLE!

활동 2

✎ 찾은 대상이 모두 등장하는 하나의 이야기를 만들어 본다.

✎ 문장은 한 문장으로 간단하게 끝내도 좋지만 세 문장 이상으로 구성하는 것을 추천한다.

✎ 만들어진 이야기를 바탕으로 새로운 그림을 재구성해 본다.

😊 아무것도 아닌 낙서로부터 우리는 우리 눈에만 보이는 형태들을 발견할 수 있다. 다음의 예시를 한 번 살펴보자. 아무 의미도 없어 보이는 난화에서 다양한 형태들을 찾아낼 수 있다.

난화 작업이 모두 끝났다면, 작업을 끝낸 난화를 멀리 놓았다 가까이 놓았다를 반복하며 그 안에서 보이는 특정한 형태를 찾아보자. 이 작업은 마치 색이 칠해져 있지 않은 숨은그림찾기와 같다. 똑같은 동그라미 형태에서 무엇이 보이는가? 길쭉한 원기둥 형태에서는 또 무엇이 보이는가? 동그란 형태 두 개가 겹쳐져 있는 것에서 새로운 형태가 보이지는 않는가?

아무것도 아닌 낙서에서 우리는 새로운 그림들을 발견할 수 있다. 그리고 똑같은 낙서에서 모양을 찾아내도 사람에 따라 모두 다른 형태의 사물들을 찾아낼 수가 있다. 자유로운 낙서에서 찾아낸 나만의 형태에는 어떤 것들이 있는가?

난화는 일정한 구상적 형태를 그리지 않고 손이 가는 대로 자유롭게 낙서를 하듯 그리는 그림 기법이다. 이 그림기법은 손을 막 움직이기 시작한 어린 아이들의 그림에서 주로 볼 수 있다. 3세정도의 아이들은 크레파스를 들고 동그라미와 선을 그어 내기 시작하는데, 처음에 아이들은 자신이 그려 낸 어떤 형태를 보는 것이 아니라, 자신의 손이 움직이고 크레파스를 긋는 행위 자체에서만 즐거움을 찾는다. 4세 정도가 되면 아이들은 자신이 그린 동그라미를 보고 그 안에 의미를 부여하기 시작한다. 동그라미에서 나오는 대상으로는 엄마, 공룡, 똥과 같은 것이 주제가 된다. 그때부터 사람들은 자신이 무언가 그린 것에서부터 자신만의 의미를 부여하기 시작하는 것이다.

그림 속에서 나는 어떤 형상을 찾았는가? 찾아낸 형상이 있다면 그 형상을 더 발전시켜 눈이나 손, 머리카락, 단추와 같은 추가적인 형태를 그려 내고, 색연필로 색칠도 해 보자. 형태를 점점 정교화하여 그 안에서 찾아낸 형태가 자신에게 어떤 의미를 주는지 탐색해 보자. 이러한 과정은 난화를 통한 자유연상이라 불리는 방식을 이용한 것인데, 첫 번째로 내가 난화에서 무언가를 연상할 수 있는 심상을 찾고, 두 번째로 난화에 내포되어 있는 심상을 나만의 생각, 감정, 생활경험을 연관하여 언어화한다.

어느 날, 내가 아는 누군가와 비슷한 뒷모습을 발견하고 깜짝 놀란 경험이 한 번 쯤은 있었을 것이다. 순간적으로 닮은 누군가와 착각한 것이다. 아마도 같이 걸어가던 친구는 그 사람을 연상하지 않아 놀라지 않았을 텐데 말이다. 우리가 어떤 형상을 보고 비슷한 모습을 바탕으로 내가 기존에 알고 있던 형상을 유추하는 것을 '연상'이라고 한다. 이러한 자유연상은 의식성이 있는 작업이라기보다는 무의식적인 본능의 표출에 가깝다. 어린 시절 동그라미와 선을 그려 내던 시절부터 이어져 온 무의식의 작업인 것이다. 그렇기 때문에 난화 속에서 나에게 보이는 형상을 구체화하고 깊이 찾아 들어가는 작업은 나의 무의식에 한 발자국 더 가까이 다가가는 작업이 되기도 한다.

연상 작업은 내가 가지고 있는 생각과 가치, 경험이 어떤 형상에 투사되어 반영되는 것을 의미한다. 그래서 같은 형태를 보고도 사람마다 연상되는 형태가 다르다. 어떤 형상을 제공한 후 각자의 심상을 유추해 내는 작업은 심리치료 현장에서 유용하게 사용하고 있는 기법이다. 만약 빨간 사과를 보여 주고 연상되는 것을 말하게 한다면 크게 다른 의견들이 나오지는 않을 것이다. '사과'라는 명확한 형태가 존재하기 때문이다. 그렇기 때문에 누군가가 가지고 있는 생각과 감정을 투사하기 위해서는 어떤 형태인지 명확하지 않은 추상적인 형태를 제공하는 것이 좋다. 심리상담 현장에서 가장 많이 사용되고 있는 검사 도구로 로르샤흐(Rorscha) 검사라는 것이 있다. 마치 초등학교 시절 물감으로 데칼코마니 작업을 한 것과 같은 잉크반점으로 작업을 하고 나에게 연상되는 형태를 추측하여 그 이유와 감정에 대해 이야기하는 검사이다. 이 검사를 통해 인지, 정서, 대인관계 등에 대한 종합적이고 다각적인 정보를 알아내는 것이 가능한데, 이 원리를 난화에도 적용하여 사용할 수 있다.

전화를 하면서 펜을 들고 무언가 끄적이면서 메모지를 가득 채워 본 경험이 한 번씩은 있을 것이다. 학창시절 수업을 듣다가 지겨워질 때 노트 옆에 무언가 낙서를 가득 채워 나간 기억 또한 대부분의 사람에게 있을 것이다. 무언가 잔뜩 쓰고 그리기는 했는데 수업이 끝나고 나면 내가 무엇을 그렸는지 기억조차 없을 때도 있다. 심리학자들은 이러한 낙서가 그 사람의 심리 상태나 무의식을 알 수 있는 하나의 단서가 된다고 설명한다. 예를 들어, 동그란 형태를 계속 그리는 사람들이 있다. 동그란 형태를 그리거나 쭉 이어지는 둥근 선을 반복적으로 그려 내는 사람의 경우 인간관계에서의 끈끈한 유대관계를 희망하는 심리적 경향이 있다고 설명된다. 그렇기에 친구나 애인과의 관계에서 애정이 부족하다고 느끼는 사람들이 낙서에서 동그라미를 자주 그린다.

어떤 사람의 낙서에서는 사람의 형상이 많이 등장한다. 만약 누군가가 작은 사람의 형상을 계속해서 그린다면, 그 사람은 일이나 공부 혹은 가족관계에서 느껴지는 책임감이나 중압감으로부터 벗어나려는 마음이 낙서에 반영되었다고 볼 수 있다. 또한 막대기와 같이 졸라맨 형상의 사람을 그리는 사람들은 평소에 가지고 있는 불안한 마음이 반영된 것이라고 설명한다. 졸라맨 형상의 사람형태를 그리는 사람들 중 대다수가 주변 사람들로부터 떨어져서 어느 정도의 거리를 유지하며 독립적인 공간과 사생활에 대한 중요성에 가치를 부여한다.

어떤 사람의 낙서에서는 눈(目)이 자주 등장한다. 큰 눈을 반복적으로 그리는 사람은 활발한 성격 및 다른 사람들과 사회적으로 개방되고 싶은 욕구가 표현되었을 가능성이 높으며, 꼭 감은 눈을 자주 그리는 사람은 마음의 상처 혹은 자기를 방어하고 싶은 마음을 나타냈을 가능성이 높다. 낙서에서 감은 눈이 자주 등장하는 사람들의 경우 대인관계에서 자신의 이야기를 쉽게 꺼내지 않는 성향인 경우가 많다.

물결 모양 혹은 반복되는 선으로 빽빽한 패턴을 만들어 낸 적이 있다면 현재 머릿속이 매우 복잡한 상태이다. 고민이 많은 사람의 경우 뱅글뱅글 돌아가는 빽빽한 선이나 어떤 패턴도 반복적으로 밀도 있게 그려 내는 경우가 많다. 주로 가운데에서 시작하여 주변으로 꽃처럼 퍼져 나가는 방식을 선택한다.

어떤 사람들은 낙서를 끄적이면서 자신의 싸인을 반복적으로 쓰기도 한다. 서명 낙서를 자주하는 사람들은 이기적이고 거만한 경향이 있으며 세상이 자신을 중심으로 돌아간다는 생각이 강하다. 물론, 순수하게 새로 만든 서명을 연습하는 경우가 아니라면 말이다.

다이아몬드 형상의 낙서를 반복적으로 끄적이는 사람들도 있다. 동그라미 안을 각으로 균일하게 다시 쪼개고 나누는 형태의 낙서인데, 이런 낙서가 등장하는 사람들은 주로 고집이 세고, 자신의 의견을 표출하기를 좋아하는 기가 센 유형이다. 만약 체스판 형태의 낙서가 반복적으로 나타난다면 요즘 내가 힘든 일은 없는지 살펴보는 것이 좋다. 격자무늬의 선을 그리고 체스판처럼 칠해 나가는 경우, 자신의 머릿속에 해결할 수 없는 답답한 문제가 가득 차 있는 경우가 많다. 일반적으로 부드러운 선을 많이 사용하는 사람들은 유연한 정서적 상태를 나타내고, 직선이 많거나 꺾인 선의 형태를 사용하는 경우에는 불안하거나 불편한 사건들이 마음속에 있는 경우를 나타낸다.

이렇게 단순한 낙서에도 현재 나의 다양한 심리상태가 반영되어 있다. 어린 아이들에게는 '동그라미를 그려라'고 말하지 않아도 크레파스를 들고 도화지 위에 동그라미를 그리기 시작한다. 아무 틀도 정해져 있지 않은 자유로운 상황에서의 끄적임은 아무 목적 없는 무의식의 놀이터에서의 놀이 흔적으로, 손끝에서 자신의 무의식이 자연스럽게 펼쳐지는 현상이기 때문이다. 그렇기 때문에 난화를 통해 심리를 알아보는 작업은 한 개인의 무의식을 탐색하는 데에 매우 유용하다고 볼 수 있다.

난화 속에서 찾은 이미지들을 모아 하나의 짧은 이야기를 만들어 보자. 내가 찾아낸 이미지가 등장하는 간단한 이야기를 시작부터 끝까지 만들어 마무리를 지어 보자. 각자의 이미지들은 내 이야기 속에서 어떤 역할을 하게 되었는가?

내가 그린 그림의 전체적인 느낌과 이야기는 어떻게 연결되었는가? 만들어진 이야기는 혹시 과거 나의 이야기와 관련이 있거나, 지금 나의 상황과 어떤 식으로든 연결이 될 수 있을 것이다.

🍰 마음 살펴보기

• 그림 속에서 어떤 형상을 찾았는가?

➡ _____

• 나는 형상들을 찾아내는 데 어느 정도의 시간이 소요되었는가?

➡ _____

• 그 형상들은 현재의 나와 어떤 식으로 연계되어 있는가?

➡ _____

• 나의 난화 그림에 제목을 붙인다면 무엇이 좋겠는가?

➡ _____

• 그림 속에 나타난 형상들을 모두 이용하여 만든 이야기는 어떤 내용인가?

➡ _____

• 그림 속 이야기에서 주인공과 보조 인물은 누구인가?

➡ _____

• 그림 속 이야기의 배경은 어디인가?

➡ _____

• 나의 난화에 추가적으로 그리고 싶은 그림은 무엇인가?

➡ _____

• 완성된 그림을 보며 떠오르는 감정 단어 3가지는 무엇인가?

➡ _____

• 내가 새롭게 그린 그림의 앞 뒤 상황을 상상해 보자. 바로 전에는 어떤 일이 일어났을 것 같으며, 다음에는 어떤 일이 일어날 것으로 예상되는가?

➜ _____

• 전체적으로 나의 그림은 정적인 느낌인가, 동적인 느낌인가?

➜ _____

• 전화를 할 때 낙서를 하는 습관이 있는가? 학창시절 수업을 듣다가 무언가를 끄적였던 기억이 있는가? 나의 낙서에 자주 등장했던 이미지들은 무엇인가?

➜ _____

• 나의 낙서에는 부드러운 선들이 자주 등장하는가, 직선이나 꺾인 선이 자주 등장하는가?

➜ _____

06 만다라 그리기

⏱ 예상 소요시간: 30분

✏ 오늘 하루는 어떤 기분으로 보냈는가? 몸의 긴장을 풀고 오늘 하루의 감정을 생각해
보자.

✏ 오늘 만났던 사람, 대화 내용, 감정의 교류, 먹었던 음식, 입었던 옷, 걸었던 거리 등을 떠
올려 보자.

✏ 오늘 하루의 여러 가지 요소를 떠올리고, 이를 종합하여 추상적이고 구상적인 이미지의
덩어리들을 발견해 보자.

✏ 이를 오른쪽 원 안에 자유롭게 그려 심상을 종이에 옮겨 보자.

✏ 만다라 안에는 구체적인 대상을 그릴 수도 있고, 추상적이거나 어떤 패턴으로 이루어진
작업을 할 수도 있다.

만다라는 산스크리트어로 원, 완전함을 의미한다. 원래 힌두교에서 생겨난 개념이지만 불교에서도 사용되었으며 현재는 원을 나타내는 일반 용어로도 널리 사용되고 있다. 원형은 우주나 지구의 기본 형태이며 대립되는 것들의 통합이자 자아의 표현이라고 불린다.

분석심리학자 융은 '만다라는 한 사람의 전체적인 인성을 나타낸다'고 설명하였다. 그렇기 때문에 만다라에 자유롭게 그림을 그리는 과정에서 나타난 상징과 패턴, 색을 통해 그린 사람의 심리적 의미를 발견할 수 있다. 만다라는 그것을 그리는 당시 그 사람의 정신을 반영하며, 변화와 변형의 잠재성을 표상하는 매체이기 때문이다.

다음은 만다라에서 사용되는 색의 일반적인 의미이다. 모든 색은 부정적 의미와 긍정적 의미를 모두 가지고 있다. 나는 만다라에서 색을 어떤 의미로 사용했는지, 나에게 해당하는 의미는 무엇인지 생각해 보자.

색	긍정적 의미	부정적 의미
흰색	순결, 완전성, 지혜	차가움, 심리적 압박감
노랑	기쁨, 자유, 행복	질투, 교활함, 비겁함
주황	용기, 자기확신, 사교적	권세욕, 알코올 오용, 거만
분홍	낭만, 애정, 헌신	허망함, 억제, 경쟁심 상실
빨강	사랑, 열정, 생명력	분노, 무례함, 오만함
파랑	평화, 고요, 안전	권태, 의심, 냉담함
남색	신뢰, 직관력, 이상	소심함, 비관적, 우울함
초록	균형, 성장, 겸손함	거짓, 욕심, 인색함
보라	신비함, 개성, 상상력	고통, 노이로제, 긴장
회색	참회, 지혜	무기력, 우울, 우유부단
갈색	검소함, 아량	억압, 가난, 죄책감
검정	경건, 절제, 정복	쓸쓸함, 공포, 공격성

마음 살펴보기

- 나는 오늘 어떤 사람을 만났는가?

➜ _____

- 오늘 만난 사람들은 나를 어떻게 대해 주었는가?

➜ _____

- 나는 오늘 무엇을 먹었는가?

➜ _____

- 나는 오늘 어떤 옷을 입었는가?

➜ _____

- 오늘 하루의 기분을 상, 중, 하로 표현한다면 무엇인가?

➜ _____

- 나의 만다라에 가장 많이 사용된 색은 무엇인가?

➜ _____

- 특정 색을 더 많이 사용한 이유는 무엇인가?

➜ _____

- 완성된 만다라를 보고 느낀 감정을 한 문장으로 표현한다면?

➜ _____

- 나의 만다라에 제목을 붙여 보자.

➜ _____

• 그 제목을 선택한 이유는 무엇인가?

➜ _____

• 나의 만다라는 꼼꼼하게 칠해져 있는가, 대충대충 칠해져 있는가?

➜ _____

• 그림은 환상적인 느낌이 나는가, 현실적인 느낌이 나는가?

➜ _____

• 전체적으로 나의 만다라는 부정적인 느낌과 긍정적인 느낌 중 무엇이 더 강하게 느껴지는가?

➜ _____

07 부정적 감정의 만다라 그리기

🕐 예상 소요시간: 30분

활동 1

✏ 최근 가졌던 감정 중 표현하기 어렵고, 표현해서는 안 된다고 생각한 부정적 감정을 떠올려 보자.

✏ 그때 어떤 상황이었는가? 누구와 함께했었는가? 그때 어떤 대화를 나누었는가? 나의 표정은 어땠는가?

✏ 그때 나의 신체에는 어떤 변화가 있었는가? 호흡이 가빠지거나 심장이 두근거리거나 손발이 차가워지지는 않았는가?

✏ 내가 가지고 있는 좋지 않은 감정을 만다라 안에 표현해 보자. 어떤 방식으로 표현해도 무관하나 원 안을 빈 공간 없이 가득 칠하도록 한다.

활동 2

✐ 부정적 감정을 느꼈던 그 순간의 상황을 구체적으로 떠올려 보자.

✐ 그때의 상황을 3개의 컷을 이용하여 재구성해 보도록 한다.

✐ 마지막 한 개의 컷은 실제로 일어났던 일이 아닌, 마음속으로 바랐던 가상의 상황을 그려 본다.

감정은 억지로 누르거나 외면한다고 사라지는 것이 아니다. 억눌린 감정은 마음속에 계속 숨어 있다가 어떤 방식으로든 표출될 기회를 기다리기 때문이다. 어떤 사람은 그것을 우울감으로, 어떤 사람은 예민함으로, 어떤 사람은 공격성으로 표현하기도 한다.

무조건 눌러서 참은 감정은 때론 엉뚱한 사람에게 옮겨지기도 한다. 이런 경우에는 순수한 관계의 갈등이 아닌 감정의 억제로 인한 대인관계의 갈등이 생겨난다. 우리 사회는 감정에 대한 교육이 아직도 많이 부족하다. 신체가 자라나며 자연스럽게 성장하듯이, 감정도 성인이 되어 가면서 자연스럽게 성숙해지는 것이라고 착각하는 경우가 많기 때문이다. 그러나 감정을 알고 제대로 이해하고 표현하는 것은 학습만큼이나 연습과 훈련이 필요한 일이다. 이런 연습을 통해 감정조절과 적절한 감정표현의 기술을 익힐 수 있는 것이다.

자신이 느낀 감정이 무엇이었는지 단순하게 알아채는 것만으로도 감정조절이 이루어지는 경우가 많다. 감정이라는 것은 그저 알아주는 것만으로도 스스로 조절되는 성질을 가진 존재이기 때문이다.

어떤 부정적 감정이라도 그 감정을 가지게 된 데에는 합당한 이유가 있다. 사람에 따라 스스로 기준을 세워 어떤 감정은 받아들일 수 있다고 판단하고, 어떤 감정은 받아들일 수 없어서 거부하는 작업을 나름대로 해 왔을 것이다. 그림과 색을 통한 감정표현은 굉장히 안전하면서도 시각화하여 확인할 수 있는 효과적인 감정 인식 및 표현 방법이다.

자신이 부정적 감정을 가졌다는 사실에 당혹스러워하지 말고 스스로의 내면에서 일어나는 감정에 대한 평가를 멈추도록 하자. 평가를 멈춘 채, 그 감정이 무엇인지 뚜렷하게 보고 존재를 부정하지 않도록 한다. 다시 한 번 강조하지만 긍정적 감정이든, 부정적 감정이든, 감정 발생 그 자체는 모든 사람들에게 자연스러운 심리과정 중 하나일 뿐이다.

🍰 마음 살펴보기

• 나를 요즘 가장 화나게 하는 것은 무엇인가?

➔ _____

• 계속 만나야 하는 사람 중에 나와 맞지 않는 사람이 있는가?

➔ _____

• 상황이 마음에 들지 않지만 그냥 참고 넘어간 순간이 있는가?

➔ _____

• 인생에 목적이 없다는 생각이 드는가?

➔ _____

• 남들은 다 잘 살고 있는데 나만 혼자 힘들다는 생각이 드는가?

➔ _____

• 최근 나만 손해 보고 있는 기분을 느낀 순간은 언제인가?

➔ _____

• 하는 공부나 일이 재미가 없다는 생각을 자주 하는가?

➔ _____

• 하는 일마다 잘 안 풀리는 기분이 자주 드는가?

➔ _____

• 내가 요즘 섭섭함을 느끼는 일은 무엇 때문인가?

➔ _____

• 나는 운이 좋지 않은 사람인가?

➜ _____

• 세상이 나를 인정해 주지 않는다고 생각하는가?

➜ _____

• 과거에 일어났던 사건 중 여전히 나의 마음을 괴롭히는 사건이 있는가?

➜ _____

• 나를 불편하게 하는 상황에 반복적으로 드러나는 특징들이 있는가?

➜ _____

08 인생의 로드맵 정리하기

🕐 예상 소요시간: 50분

활동 1

🖊 지금까지 나에게 있었던 인생의 큰 사건들을 떠올려 보자.

🖊 인생의 큰 사건 중 나에게 여전히 영향을 미치고 있는 사건은 무엇인가?

🖊 그 사건들은 언제 일어난 것이며, 그때 나의 감정은 어떠했는가?

🖊 과거에 일어난 사건 중 나에게 중요했던 사건들을 시간의 순서대로 적고, 그 주변을 자유롭게 꾸며 보도록 하자.

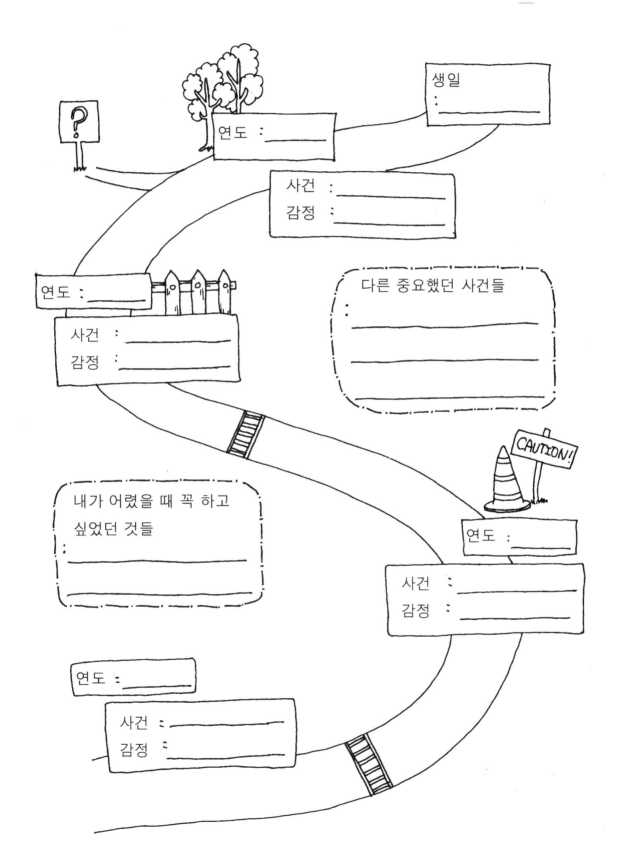

생일
:

연도 : _____

사건 : _____
감정 : _____

연도 : _____

사건 : _____
감정 : _____

다른 중요했던 사건들
:
_____
_____
_____

내가 어렸을 때 꼭 하고
싶었던 것들
:
_____
_____

CAUTION!

연도 : _____

사건 : _____
감정 : _____

연도 : _____

사건 : _____
감정 : _____

활동 2

✎ 현재부터 시작하여 자신이 계획하고 생각해 본 미래의 모습을 떠올려 보자.

✎ 앞으로의 나는 어떤 길을 걸어가기를 원하는가?

✎ 나의 10년, 20년, 30년 뒤 기대하는 나의 모습을 떠올려 보자.

✎ 그 나이의 나는 무엇을 하고 있을 것이며 누구와 함께할 것이고, 나의 사회적 위치는 어떠하겠는가?

✎ 그때 내가 가장 행복을 추구하는 대상은 누구이겠는가?

✎ 현재부터 시작하는 미래의 인생 로드맵을 그려 보자.

사람은 태어나서부터 어떤 일련의 사건들을 거쳐 현재 자신의 모습을 만들어 왔다. 그리고 한 개인의 성격은 과거에 있었던 사건과의 상호작용을 통해 형성된다. 그렇기에 나를 알기 위해서는 나에게 있었던 과거의 중요한 사건들을 하나하나 탐색해 가는 것이 아주 중요하다. 스스로의 인생에 큰 영향을 준 큰 사건들을 되짚어 보자.

과거에 있었던 중요한 사건이 현재에 어떤 변화를 줄 수 있는지에 대해서는 영화 〈나비효과〉에서 구체적으로 묘사되어 있다. 어린 시절 순간의 기억을 잃어버리는 병을 가진 주인공 에반은 과거 끔찍한 일에 휘말렸던 적이 있었다. 그러자 스스로를 보호하기 위해 뇌가 기억을 지워 버린 것이다. 그는 정신과 치료를 받으면서 일기를 쓰며 살아가게 되는데, 대학생이 되어 우연히 자신이 쓴 일기를 읽으면 과거로 돌아갈 수 있다는 것을 알게 된다.

에반은 과거의 사건 때문에 자신이 사랑하는 여인이 자살을 하게 되자 그 운명을 바꾸기 위해 일기를 읽어 과거로 시간여행을 하게 된다. 그는 과거로 돌아가 과거의 중요했던 사건에 개입을 하게 되고, 이로 인해 전혀 다르게 바뀐 현재를 계속해서 만나게 된다. 나비효과는 브라질 나비의 날갯짓이 미국 텍사스에 토네이도를 발생시킬 수도 있다는 과학적 이론에서 그 단어가 유래되었지만 지금은 과거의 작은 사건이 현재를 크게 바꿀 수 있다는 뜻을 가진 단어로 사용되고 있다.

우리의 인생도 그러하다. 과거에 있었던 일이 분명 현재의 우리를 바꿨을 것이다. 과거에 있었던 사건 하나하나가 지금의 나를 형성하고 지금의 나를 있게 한 자원들인 것이다. 그렇기 때문에 어떤 사건들이 나에게 어떤 영향을 미쳤는지에 대해 탐색하는 것은 나의 뿌리를 거슬러 올라가는 아주 중요한 작업이 된다.

미래 모습을 그리는 것은 다른 의미에서 중요하다. 미래의 나의 모습을 그려 내는 작업은 내가 원하는 나의 모습을 생생하게 그려 내어 꿈을 실현 가능하게 만드는 필수 요소이기 때문이다. 자신의 목표를 언어화하고 시각화하는 것이 그 목표를 이룰 가능성을 높여 준다는 것은 이미 많은 행동주의학자들이 밝힌 바 있다.

소프트 뱅크의 손정의 회장은 열아홉 살 때 자신의 인생계획을 세웠다고 한다. 그가 가졌던 비전은 다음과 같다.

20대에 이름을 알린다.
30대에 사업 자금을 모은다.
40대에 큰 승부를 건다.

50대에 사업을 완성시킨다.

60대에 다음 세대에 경영권을 넘긴다.

그는 단순하게 무엇이 하고 싶다는 소망이 아니라 자신의 꿈을 분명히 계획하고 그렸으며, 실제로 그것을 그대로 이루었다. 많은 사람에게 사랑을 받은 이지성 작가의 『꿈꾸는 다락방』, 모치즈키 도시타카의 『당신의 소중한 꿈을 이루는 보물지도』에서 이야기하는 것은 모두 같다. 결국 미래의 꿈을 구체적으로 계획하고 시각화하라는 것이다. 목표가 만들어지면 그때부터 모든 것이 변하기 시작한다. 처음에는 사람이 목표를 만들고, 그다음에는 목표가 사람을 이끌기 때문이다. 나는 나의 미래를 어떻게 계획하고 있는가? 나의 미래를 어떤 모습으로 생생하게 꿈꾸고 있는가?

꿈이 있다면 구체적이고 명확하게 시각화하도록 하자. 반드시 이루어질 것이다.

마음 살펴보기

• 과거의 사건 중 나에게 긍정적인 영향을 미치고 있는 사건은 무엇이 있는가?

→ _____

• 과거의 사건 중 나에게 부정적인 영향을 미치고 있는 사건은 무엇이 있는가?

→ _____

• 이 사건들은 나의 노력이나 의지와 상관이 있는 사건들인가?

→ _____

• 이 사건이 발생했을 당시 나의 감정은 어떠하였는가?

→ _____

• 과거 인생사건으로 선택한 사건은 성취감을 준 사건들이 더 많은가, 상실감을 준 사건들이 더 많은가?

→ _____

• 그때의 사건들이 지금의 나에게 여전히 영향을 주고 있는가?

→ _____

• 영향을 주고 있다면, 어떤 부분에 영향을 주고 있는가?

→ _____

• 나의 미래 인생 로드맵에서 나는 무엇을 강조했는가?

→ _____

• 건강, 돈, 자아실현, 가족 등의 다양한 가치에서 나에게 특별히 더 가치 있게 다가오는 것은 무엇인가?

➜ _____

• 그 이유는 무엇인가?

➜ _____

• 10년 안에 꼭 이루고 싶은 것 3가지는 무엇인가?

➜ _____

• 그것들을 위해 내가 해야 할 일들은 무엇인가?

➜ _____

• 20년 안에 꼭 이루고 싶은 것 3가지는 무엇인가?

➜ _____

• 그것들을 위해 내가 해야 할 일들은 무엇인가?

➜ _____

• 30년 안에 꼭 이루고 싶은 것 3가지는 무엇인가?

➜ _____

• 그것들을 위해 내가 해야 할 일들은 무엇인가?

➜ _____

09 몸의 소리에 귀 기울이기

🕐 예상 소요시간: 45분

✎ 눈을 감고 몸에 긴장을 푼 다음 내 몸의 '불쾌한' 감각에 집중해 보자.

✎ 어떤 부분이 삐걱거리고, 아프고, 욱신욱신하는 느낌이 드는가?

✎ 신체적으로 혹은 정서적으로 불편함이 느껴지는 부위는 어디인가?

✎ 한 군데를 선택하여 그곳에서 느껴지는 불편함의 색, 크기, 형태 등을 결정해 칠해 보자.
   예를 들어, 통증을 표현하고 싶은 경우, 노란색이나 주황색, 빨간색을 사용하여 표현할
   수도 있고, 파란색을 사용해서 차갑고 날카로운 이미지로 표현할 수도 있다.

✎ 이 작업은 칸의 모든 부위가 빈틈없이 칠해질 필요는 없다.

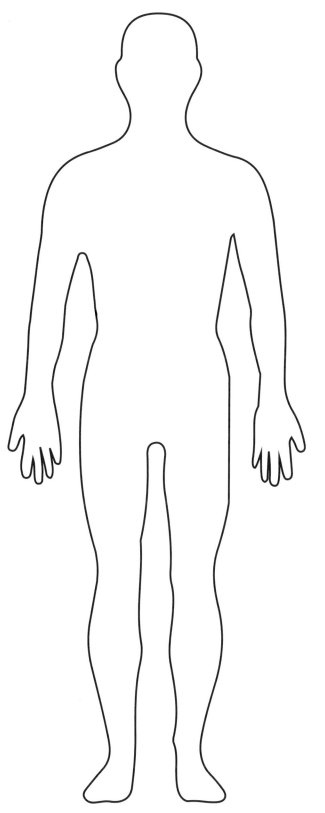

1. 당신은 신체의 어느 부위인가요?

2. 당신은 무엇을 느끼고 있나요?
   신체 감각과 감정 모두 대답해 주세요.

3. 왜 그런 식으로 느끼나요?

4. 어떻게 도와주면 좋을까요?

최근에 우리가 인터넷으로 접할 수 있는 건강과 다이어트에 대한 정보는 지나치게 많다. 그래서 건강이나 다이어트에 대한 정보가 '범람'하고 있다고 표현하는 학자들도 있다. 그러나 우리는 몸에 관한 많은 정보만 가지고 있을 뿐, 몸이 자연적으로 우리에게 말을 거는 소리에 면밀히 귀 기울이고 있지는 않는다. 음식 조절에 어려움을 겪는 사람들, 폭식이 잦은 사람들, 다이어트를 하는 사람들, 모두가 음식의 영양분과 운동 등에 관한 정보를 수없이 머릿속에 가지고 있지만 자신의 삶에서 의미 있게 이 정보들을 적용하지 못하는 경우가 많기 때문이다.

다음은 음식조절에 어려움을 호소하던 한 여성이 '몸의 소리에 귀 기울이기' 프로그램에 참여하며 대답했던 내용들이다. 그녀는 음식 앞에서 늘 무너졌지만 살이 찌고 싶지 않다는 생각에 많은 시간을 운동으로 보내고 있었다. 그리고 늘 무리한 운동을 하고 있었기 때문에 그녀는 만성적으로 다리에 부상을 동반하고 있었다. 그녀는 앞의 네 가지 질문에 다음과 같이 적어 내려갔다.

1. 당신은 신체의 어느 부위인가요? 나는 당신의 쉬고 싶은 다리입니다.

2. 당신은 무엇을 느끼고 있나요? 누가 나를 때리고 불이 활활 타오르고 있어서 도와 달라고 하는데 외면당하는 기분이에요.

3. 왜 그런 식으로 느끼나요? 나는 쉬고 싶은데 주인님이 쉬게 해 주지를 않아요. 언제나 운동을 해야 하기 때문에 늘 정신을 바짝 차리고 있어야 해요.

4. 어떻게 도와주면 좋을까요? 쉬게 해 주었으면 좋겠어요. 주인님의 몸을 챙기고 나도 쉬게 해 주세요.

이런 일련의 대답을 적은 후 이 여성은 내면에서 자신에게 지금 너무 무리하고 있으니 조금은 쉬어 달라고 말하고 있다는 것을 깨달았다. 사실 그녀가 꿈꿔 왔던 삶이 운동하고 다치고를 반복하는 삶은 아니었기 때문이다. 그녀는 자신이 보다 더 값진 삶을 살아가기를 원했다는 것을 알고 있었으나 날씬해지고 싶다는 눈앞의 욕망에 가려져 보다 본질적인 것을 보지 못했던 것이다.

그녀는 자신의 몸이 스스로에게 말 거는 소리에 귀 기울이고, 이 소리를 신뢰하고, 새겨듣기 시작했다. 무리한 운동을 그만두고 자신의 마음과 감정을 더 들여다보는 시간을 가진 것이다. 왜 음식 앞에서 절제를 하지 못하는지, 무엇이 그렇게 만드는지에 대해 탐색하면서 점점 감정을 불필요한 음식으로 대체하는 것을 줄여 갈 수 있었다. 그녀는 자신의 마음을 들여다보는 일이 칼로리를 없애기 위해 지친 몸으로 뛰는 일보다 더 건강한 선택이라는 것을 깨닫게 되었다.

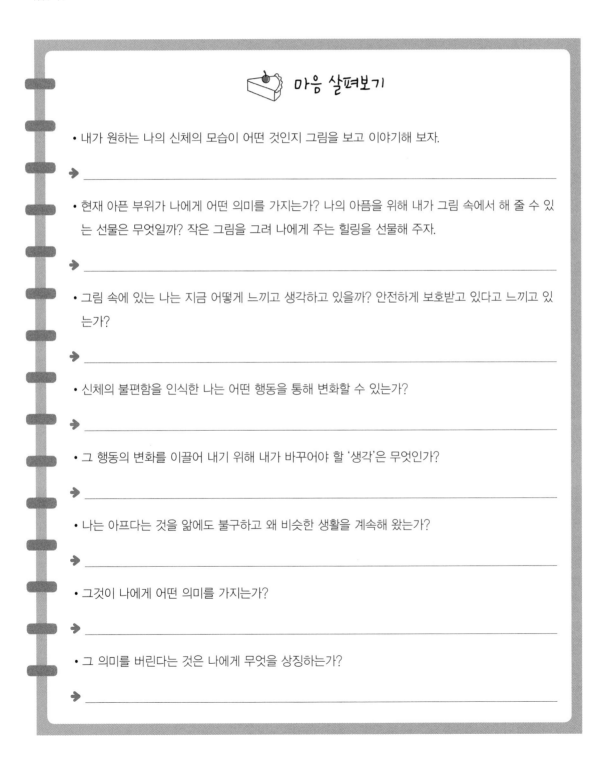

마음 살펴보기

- 내가 원하는 나의 신체의 모습이 어떤 것인지 그림을 보고 이야기해 보자.

➡ _____

- 현재 아픈 부위가 나에게 어떤 의미를 가지는가? 나의 아픔을 위해 내가 그림 속에서 해 줄 수 있는 선물은 무엇일까? 작은 그림을 그려 나에게 주는 힐링을 선물해 주자.

➡ _____

- 그림 속에 있는 나는 지금 어떻게 느끼고 생각하고 있을까? 안전하게 보호받고 있다고 느끼고 있는가?

➡ _____

- 신체의 불편함을 인식한 나는 어떤 행동을 통해 변화할 수 있는가?

➡ _____

- 그 행동의 변화를 이끌어 내기 위해 내가 바꾸어야 할 '생각'은 무엇인가?

➡ _____

- 나는 아프다는 것을 앎에도 불구하고 왜 비슷한 생활을 계속해 왔는가?

➡ _____

- 그것이 나에게 어떤 의미를 가지는가?

➡ _____

- 그 의미를 버린다는 것은 나에게 무엇을 상징하는가?

➡ _____

내 안의 또 다른 나

⑩ 페르소나 살펴보기

🕐 예상 소요시간: 40분

활동 1

✏️ 사람은 누구나 사회생활을 하기 위해서 사회적 얼굴을 가지고 살아간다. 이런 역할은 비단 직장생활을 의미하는 것뿐만 아니라 가족 내에서, 친구관계에서의 역할 역시 포함한다. 내가 가진 나의 사회적 얼굴들을 떠올려 보자.

✏️ 같은 가족 내에서도 자식이나 부모로서의 역할이 존재하고, 한 집단에서도 선배가 되기도 하고 후배가 되기도 한다. 내가 가진 사회적 얼굴들을 세분화하여 떠올려 보자.

✏️ 때로 나의 사회적 얼굴은 나의 다른 사회적 얼굴과 많은 차이를 가지기도 한다. 사회적 얼굴들 간에 가지는 차이를 떠올려 보자.

✏️ 나의 얼굴들은 가면으로 형상화될 수 있다. 나의 사회적 가면은 어떤 모습을 하고 있는가? 나의 가면을 꾸며 보자.

✏️ 나에게 어떤 가면들이 있는지 글로 함께 적어 보도록 한다.

나의 사회적 가면

1. _____
2. _____
3. _____
4. _____
5. _____

활동 2

🖊 사회적 얼굴을 벗긴 진짜 나의 모습은 어떠한가?

🖊 나는 주변에 아무도 없을 때, 집에서 잠을 잘 때, 샤워를 할 때 어떤 행동을 하고 어떤 표
정을 짓는가?

🖊 나의 진짜 모습들은 어떤 특징을 가지고 있는가?

🖊 나의 진짜 자아를 그려 보자.

사람들은 누구나 진짜 자신의 모습과 사회적 자신의 모습을 함께 가지고 살아간다. 사회적 얼굴은 사회생활을 하며 자신을 지키기 위해 필요한 수단인데, 분석심리학에서는 이러한 사회적 자아를 페르소나라는 용어를 이용하여 설명하고 있다. 페르소나는 대인관계와 교류를 촉진시키는 수단으로 사회에서의 가면 혹은 역할이라고 일컬어진다.

한 개인은 보통 여러 개의 페르소나를 가진다. 학생, 선생님, 부모, 자녀, 애인, 선배, 후배 등 같이 누구를 만나는가에 따라 페르소나를 다양하게 바꿔 가며 사용해야 하기 때문이다.

페르소나는 단순하게 역할만을 의미하는 단어가 아니다. 성격적인 면에서도 실제 자아와 페르소나는 차이가 나기도 하기 때문이다. 실제로는 세상에 불만이 많은 사람도 밖에서는 모두에게 상냥한 사람이 될 수 있는 것이 그 예일 것이다. 때문에 상황에 맞는 페르소나를 사용하는 것이 중요하다. 집에서 첫째 언니로서의 페르소나를 사용하던 사람이 학교에 가서 그 페르소나를 선생님 앞에서 사용하면 이상한 상황이 되는 것과 같은 이치이다.

겉으로 표현되는 페르소나와 내면의 실제 자아가 지나치게 불일치할 때는 사회적 적응에 곤란을 겪기도 한다. 실제로는 차분하고 내성적인 사람이 영업직을 하거나, 반대로 진취적이고 도전적인 사람이 수동적인 서비스업을 할 경우에 이러한 실제 자아와 사회적 자아의 차이는 한 개인의 심리적 문제까지 야기할 수도 있다. 마치 자신의 얼굴보다 훨씬 작은 가면을 쓰고 그 뒤에 숨기 위해 발버둥치는 것과 같은 모습이다.

반대로 페르소나와 실제 자아가 지나치게 동일시되어 버린 경우, 어떤 것이 진짜 자신의 모습인지를 잊어버리는 상황이 발생한다. 자신에게 맞지 않는 가면을 쓰는 것도 힘든 일이지만 실제 자신의 얼굴을 잊어버리는 것은 더욱 위험한 일일 수 있다.

우리는 사회에서 다른 사람과 함께 살아가야 하기 때문에 상황에 맞는 가면을 잘 바꿔 가며 사용해야 한다. 그러나 본래 자신의 모습을 잊어서는 안 된다. 나의 진짜 모습이 어떤 모습인지 스스로 알고 있어야 자신에게 맞지 않는 가면이라도 좀 더 편하게 쓰는 방법을 알게 될 것이고, 쉴 때에는 그 가면을 벗을 줄도 알게 되는 것이다.

🍰 마음 살펴보기

• 나는 몇 개의 사회적 가면을 사용하고 있는가?

➜ _____

• 나에게 맞지 않는 가면을 쓰고 있어서 불편함을 느낀 적은 없는가?

➜ _____

• 나의 사회적 가면 중 가장 마음에 드는 가면은 무엇인가?

➜ _____

• 나의 사회적 가면 중 내가 가장 마음에 들지 않는 가면은 무엇인가?

➜ _____

• 그 이유는 무엇인가?

➜ _____

• 나의 사회적 가면 중 가장 오래된 가면은 무엇인가?

➜ _____

• 나의 사회적 가면 중 타인으로부터 가장 좋은 평가를 받은 것과 나쁜 평가를 받은 것은 무엇인가?

➜ _____

• 나의 사회적 가면 중 언제라도 쉽게 버릴 수 있는 것은 무엇인가?

➜ _____

• 나는 사람들과 왜 관계를 맺고 싶어 하는가?

➜ _____

• 사람들과 관계를 맺는 것이 나에게 어떤 의미인지 생각해 보자.

➔ _____

• 나의 진짜 모습과 가장 큰 차이를 보이는 사회적 가면은 무엇인가?

➔ _____

• 모든 가면을 벗고 진짜 나로 있을 수 있는 시간이 하루 중 얼마나 되는가?

➔ _____

• 사회적 가면을 벗은 나의 진짜 모습을 아는 사람은 누가 있는가?

➔ _____

11 흑백논리 생각해 보기

🕐 예상 소요시간: 25분

✎ 일상 속에서 '이것 아니면 저것'과 같은 편파적인 생각을 자주 하는가?

✎ 내가 세상을 흑과 백으로 나누어서 판단했던 상황을 생각해 보자.

✎ 그때의 결과는 어떠하였는가?

✎ 현재 나의 머릿속에 들어 있는 흑백논리의 사고는 무엇이 있는가?

✎ 오른쪽에는 대비되는 두 개의 색이 짝을 이루고 있다. 이 색의 출발점에는 해당하는 색의 원색을 진하게 칠해 보자.

✎ 점점 이 두 색이 혼합하여 가운데에서는 1:1의 비율로 혼합될 수 있도록 해 보자.

빨간색   녹색

노란색   보라색

주황색   남색

흑백논리란 모든 문제를 흑이 아니면 백, 선이 아니면 악이라는 두 가지로만 구분하려고 하는 논리이다. 즉, 두 가지 극단 이외의 것을 인정하려 하지 않는 편협한 생각이라고 할 수 있다.

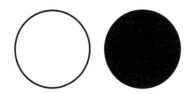

하지만 세상에는 양 극단만 존재하는 것이 아니며, 극단적이지 않은 상황에서도 충분히 만족과 성취를 느낄 수 있다. 중간지대, 즉 회색지대라는 것이 존재하기 때문이다.

흑과 백과 같은 양극인 두 가지로만 구분함으로써 발생하는 논리적 오류를 흑백논리의 오류라고 한다. "난 매운 음식을 싫어하진 않아."라는 말은 "난 매운 음식을 너무 좋아해."라는 말과 같은 말이 될 수 없다. 그러나 사람들이 쉽게 '좋다' 혹은 '나쁘다'의 간단한 흑백논리를 이용하는 이유는 이렇게 간단히 정리를 해 버림으로써 심리적 안정감과 편안함을 느끼기 때문이다.

흑백논리의 오류가 원인론적인 오류라고 한다면, 그 선택에 따라 발생하는 오류를 성급한 일반화의 오류라고 한다. "뚱뚱한 사람들은 예민하지 않아."와 같은 생각이 그 예가 될 것이다. 세상을 뚱뚱한 사람과 그렇지 않은 사람으로 구별하고 예민한 사람과 그렇지 않은 사람으로 구별한 후 이를 일반화한 것이다.

우리는 늘 5가지 대답 중에서 한 개의 정답만을 고르며 성장해 왔다. 5지선답에는 늘 한 개의 정답이 존재했고, 나머지 네 개는 모두 틀린 답이었다. 그러나 답이 아닌 것들은 오답이 아닌 차선책이 될 수도 있다는 생각, 차선책들이 모여 더 나은 답이 될 수도 있다는 생각을 우리는 배우지 못했다. 플랜 B가 또 다른 플랜 A가 될 수 있다는 뜻이다.

어린아이들의 세상은 흑백의 세상에 가깝다. 논리적이지 못한 아이들은 이것 아니면 저것을 고르는 논리만을 펼치기 때문이다. 그러나 나이가 들어가면서 어린아이 때와는 다르게 흑백논리의 오류를 범하는 일은 자연스럽게 줄어들게 된다. 세상과 환경에 점점 적응해 가기 때문이다. 모난 바위들이 강물에 닳아 둥글둥글해지듯 점차 우리들도 둥글게 변해 가는 것이다.

그러나 여전히 '그렇다'와 '아니다'는 존재한다. 적당히 포장한 49%의 나쁘다는 결국 나쁘다이고, 그럴싸한 51%의 좋다는 결국 좋다는 것이다. 그게 그거처럼 보이지만 결국은 어느 한쪽의 선택을 해야 하기 때문이다.

나이가 들어갈수록 점차 흑백논리의 오류를 범하지 않는 것은, 단순히 우리가 성숙해져 가기 때문만은 아닐 것이다. 나의 확고한 주장이 받아들여지지 않을 때 그것이 나에게 상처가 되는 일이 생기고, 그것으로부터 나를 보호하는 수단인 중간지대의 생각이 필요했을 것이다. 중간지대의 생각을 가진 것이 곧 자신을 보호하는 행동이라는 것을 알아차렸기 때문은 아닐까.

 마음 살펴보기

• 다음 문장에서의 오류를 찾아보세요.

−당신이 민주주의자가 아니라면 공산주의자겠군.
−무신론은 입증될 수 없으니 유신론이 옳다.
−진화론에는 문제가 있으니 창조론이 진리다.
−수입 소고기를 먹는 사람은 사대주의자다.
−백인들은 히틀러처럼 추악하거나 슈바이처처럼 선량한 사람들이다.
−나보다 예쁜 사람은 모두 성형수술을 한 사람이다.
−어렵게 자란 사람들은 성격도 좋지 않다.
−5kg 감량이 목표였는데 3kg밖에 감량하지 못했으니 다이어트는 실패다.
−정년을 보장받는 직업이야말로 안정적이고 좋은 직업이다.
−카페인은 몸에 좋지 않으니 먹으면 안 된다.

12 걱정인형 그리기

⏰ 예상 소요시간: 40분

<u>활동 1</u>

✏️ 최근 자신이 가졌던 걱정거리에 대해 떠올려 보자.

✏️ 자신의 걱정 패턴에 대해 생각해 보자. 나는 걱정이 많은 편인가 혹은 하나의 걱정을 깊이 하는 편인가?

✏️ 오늘 하루 나는 무엇에 대해 몇 번의 걱정을 했는가?

✏️ 나의 걱정은 아침과 밤 중 언제 더 활성화되는가?

✏️ 오른쪽에 인형이 하나 있다. 이 인형은 걱정인형이다. 나의 진심을 담아 걱정거리들을 말해 주면, 이 인형은 나를 대신하여 걱정거리를 짊어지고 나의 걱정을 덜어 주는 능력을 가지고 있다.

✏️ 이 인형에게 나의 어떤 걱정들을 말하고 싶은가? 나의 걱정을 가지고 갈 인형이 어떤 모습이었으면 좋겠는가?

✏️ 걱정 리스트를 적고, 인형의 옷과 표정을 꾸며 보자.

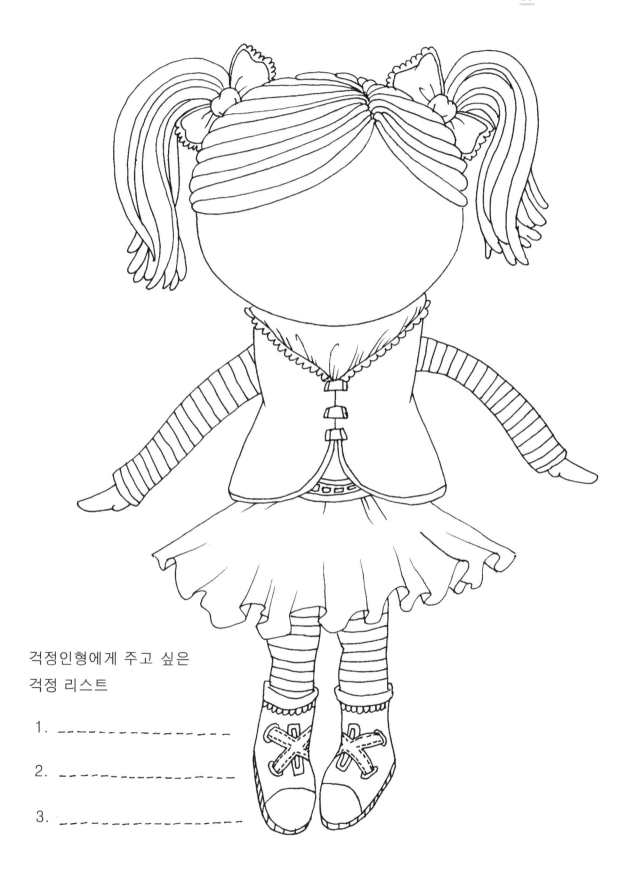

걱정인형에게 주고 싶은
걱정 리스트

1. _ _ _ _ _ _ _ _ _ _ _ _ _ _ _

2. _ _ _ _ _ _ _ _ _ _ _ _ _ _ _

3. _ _ _ _ _ _ _ _ _ _ _ _ _ _ _

활동 2

✎ 내가 인형에게 준 걱정거리 중 현실로 나타났을 때 최악의 걱정은 어떤 것인가?

✎ 그 걱정이 만들어 낼 수 있는 최악의 상황은 어떤 것인가? 그 이유는?

✎ 그 일이 일어날 확률은 얼마나 되는가?

✎ 내가 걱정하는 가장 최악의 상황이 벌어진 모습을 그려 보자.

😊 걱정은 어떤 불안의 대상이 현존하지 않는 미래중심적인 사고이다. 또한 실재하는 것보다 더 치명적인 상황을 예상하는 것이 대부분이다. 이러한 걱정은 한 사람의 행동, 사고방식, 기분 그리고 대인관계에까지 영향을 미치게 된다.

걱정 중에는 생산적인 걱정이 있는 반면, 그렇지 않은 걱정도 존재한다. 생산적인 걱정은 어떤 문제를 풀어 나갈 해결책을 고안해 내거나 미래에 다가올 위험 요소를 줄여 주는 역할을 할 수 있다. 그러나 비생산적인 걱정은 문제해결을 오히려 방해하는 새로운 걱정을 낳곤 한다.

내가 지금 하고 있는 걱정의 수준을 1에서 10까지로 측정한다면 어느 정도의 수준인가? 가장 걱정거리가 많은 상태를 10으로 설정하고 걱정이 하나도 없는 상태를 1로 가정해 보자. 지나친 걱정이 생활에 지장을 준다고 느낀다면, 자신의 걱정 수치를 매일 측정해 기록해 보는 것도 자신의 걱정을 객관화하고 줄여 나갈 수 있는 하나의 방법이다.

심리학자 어니 젤리스키는 자신의 저서 『모르고 사는 즐거움』에서 걱정에 대해 다음과 같이 설명하였다.

걱정의 40%는 절대 현실로 일어나지 않는다.
걱정의 30%는 이미 일어난 일에 대한 것이다.
걱정의 22%는 사소한 고민이다.
걱정의 4%는 우리 힘으로 어쩔 도리가 없는 일에 대한 것이다.
걱정의 4%는 우리가 바꿔 놓을 수 있는 일에 대한 것이다.

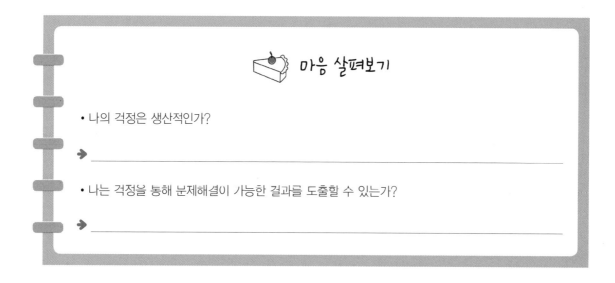

🍰 마음 살펴보기

• 나의 걱정은 생산적인가?

→ _____

• 나는 걱정을 통해 문제해결이 가능한 결과를 도출할 수 있는가?

→ _____

• 나의 걱정이 내가 어떤 행동을 하는 데에 동기부여가 되고 있는가?

➜ _____

• 나의 걱정이 무엇인가를 바꾸는 역할을 하는가?

➜ _____

• 나는 걱정거리를 해결할 수 있는 잠재적인 방법을 알고 있는가?

➜ _____

• 그 해결방법을 행동으로 취할 예정인가?

➜ _____

• 내가 걱정을 한다는 것의 장점은 무엇인가?

➜ _____

• 내가 걱정을 한다는 것의 단점은 무엇인가?

➜ _____

• 나의 걱정거리에 이름을 붙인다면 무엇이 좋을까?

➜ _____

• 내가 걱정하는 상황이 발생한다면 구체적으로 언제 어디서 일어날까?

➜ _____

• 그 상황이 발생한다면 나에게 어떤 변화가 일어날까?

➜ _____

• 그 상황을 해결할 수 있는 방법에는 무엇이 있는가?

➜ _____

• 내가 걱정하는 상황이 일어나지 않게 하기 위해 내가 할 수 있는 구체적인 일 3가지는 무엇인가?

➜ _____

13 내 안의 괴물 찾기

⏱ 예상 소요시간: 45분

활동 1

✏ 누구나 마음속에는 괴물이 한 마리씩 살고 있다. 그 괴물은 문득 내 안에 내 삶의 족쇄가 되거나, 장애물이 되거나 혹은 치부가 되는 등 다양한 형태를 가지고 있으며, 나의 성격과 인격, 인간관계 등 내 생활 전반에 걸쳐 나에게 영향을 미치고 있다. 자신이 생각하는 '괴물'의 이미지를 떠올려 보자.

✏ 내 안에 괴물이 있다는 생각이 들 때는 언제였는가? 그때는 어떤 상황이었는가? 비슷한 상황이 반복되는가? 그때 누군가와 함께 대화하고 있었는가? 그 사람은 어떤 특징을 가지고 있는가?

✏ 내 안에 숨어 있다가 어느 상황만 되면 불쑥 나타나서 나를 괴롭히는 괴물의 모습을 그려 보자.

활동 2

✎ 내 안의 괴물이 나타났던 기억 중 최근 가장 강렬하게 경험했던 순간을 떠올려 보자.

✎ 그때의 상황은 어떠하였고, 주변에서는 어떤 소리가 들렸고, 어떤 냄새가 났고, 나는 누구와 대화하고 있었는가?

✎ 그때 나의 신체 반응은 어떠하였는가? 심장이 뛰거나 얼굴이 빨개지거나 손이 떨리지는 않았는가?

✎ 최근 강렬하게 경험한 내 안의 괴물과의 만남을 4컷 만화로 구성해 보자.

😊 '괴물'이라는 단어를 들었을 때 머릿속에 어떤 생각이 가장 먼저 떠올랐는가? 나에게 '괴물'은 어떤 이미지를 가지고 있는가? 누구나의 마음속에는 한 마리 이상의 괴물이 살고 있다고 한다. 그 괴물은 한 개인의 성격과 인격, 인간관계 등 생활 전반에 걸쳐 영향을 미치고 있는 존재이다. 누군가의 괴물은 주변 사람들에 대한 질투, 불의를 보고도 망설이게 되는 용기 없는 모습일 수 있고, 또 누군가의 괴물은 자격지심, 욱하는 성격, 안하무인의 태도, 이기적인 마음, 결벽증 등이 될 수도 있다.

문득 내 안에 살고 있는 또 다른 내 모습이 보일 때가 있지는 않는가? 내 안에 존재하는 또 다른 나이지만 내가 숨기고 싶거나 꽁꽁 싸매어 놓아 다른 사람들에게 보여 주고 싶지 않은 모습이 있지는 않는가? 나의 또 다른 모습이 삶의 족쇄가 되거나, 장애물이 되거나 혹은 치부가 되고 있다고 생각이 들 때는 언제인가? 내 안에는 어떤 괴물이 살고 있는가?

독일의 분석심리학자 융은 내 안의 괴물을 '그림자'라는 용어로 설명했다. 그림자는 우리가 숨기고 싶은 모든 유쾌하지 않은 성격의 부정적 면을 의미한다. 자신의 특성 중 열등하고, 가치 없고, 원시적인 어두운 부분이 바로 그것이다. 완벽해 보이는 사람들도 모두 그림자를 가지고 있다. 완벽해 보이는 것은 어쩌면 그림자들이 잘 포장되어 다른 사람들의 눈에는 보이지 않도록 감추어졌기 때문이기도 하다. 융은 모든 사람에게 그림자가 있다고 설명했다. 실재하는 모든 것에는 빛과 그림자가 있기 때문이다. 여기서 우리의 자아는 빛을 받는 실재이고, 그 뒤로 드리워진 것이 내 안의 괴물, 즉 그림자라는 것이다. 그리고 이 빛과 그림자, 즉 자아와 그림자가 우리를 완성된 인간으로 만들어 주는 역할을 하기도 한다. 자생력이 있는 그림자는 무시무시한 괴물이 되기도 하지만, 자아와 그림자는 서로 균형을 맞추기 위해 늘 노력하고 있기 때문에 그림자는 그렇게 위험한 대상이 아니다.

같은 성별의 사람이 이유 없이 싫은 느낌이 든 적이 있지는 않았는가? 누군가를 만났을 때, 처음 만난 자리에서 혹은 여러 번 만나도 여전히 '이 사람과 나는 생리적으로 맞지 않아.'라는 생각이 드는 사람이 있을 것이다. 이것을 융은 바로 그림자로 설명한다. 상대방의 그림자와 내 그림자가 일치했기 때문이라는 것이다. 예를 들어, 은연중에 나보다 아래라고 생각되는 사람들을 무시하고 깔보는 성향을 가진 사람은 스스로도 그것이 도덕적으로는 옳지 않다는 생각을 할 수 있다. 그렇기에 자신의 모습을 숨긴 채 사회적으로는 안하무인의 태도를 보이지 않으려고 노력하며 지낸다. 그런데 우연히 만난 한 사람이 안하무인의 태도로 다른 사람을 무시하는 모습을 보인다면, 그 모습에 견딜 수 없는 불편함을 느끼게 되는 것이다. 다른 사람을 통해 자신의 그림자를 확인하니 불편해진 것이다.

같은 그림자를 가지고 있다고 하더라도 누군가에게는 그 그림자가 호감이 될 수도, 누군가에게는 비호감이 될 수도 있다. 그렇기 때문에 내 안의 괴물은 무조건적으로 나쁜 것이 아니다. 나의 소심함은 누군가에게 겸손하고 차분한 매력으로, 나의 무절제한 대화법은 누군가에게 열정적이고 직관적인 모습으로 비춰질 수도 있다.

인정하고 싶지 않고, 드러내고 싶지 않은 그림자를 꽁꽁 억압했을 경우, 살아가는 과정에서 원치 않는 순간에 계속해 고개를 내미는 그림자를 만나게 된다. 내 인격의 어두운 면과 내가 보고 싶지 않은 모습들을 피하고 또 피하면 그것은 언젠가 폭발하거나 황폐해지기 때문이다.

예를 들어 보자. 사람에게는 누구에게나 기본적으로 존재하는 폭력적인 성향이 있다. 그런데 '폭력성'이라는 것이 나의 이상과는 맞지 않는다는 이유로 나의 폭력적인 면을 거부하고 또 거부하며 살아온 한 여성이 있다고 가정해 보자. 어린 시절 자신에게 매를 드는 아버지가 싫었기에 더더욱 절대 폭력적인 것은 안 된다고 가이드라인을 정하고 살았을 경우, 어느 순간 그 억눌려 있던 그림자가 튀어나올 준비를 한다. 아침에 아이에게 밥을 먹이기 위해 실랑이를 하고 있다. 그런데 아이에게 음식을 데워서 주니 보는 둥 마는 둥 징징거리면서 음식을 먹지도 않고 시간만 흘려보내고 있다. 처음에는 좋게 말을 한다. 먹어야 배가 고프지 않고 건강도 챙길 수 있고, 이제 유치원에 갈 시간이 다 되어 간다고. 하지만 아이는 여전히 이 여성의 말을 한 귀로 듣고 한 귀로 흘리면서 미적거리고 있을 뿐이다. 순간 "빨리 먹으라고!" 하며 언성이 높아진다. 아이도 심술이 나서 더 청개구리처럼 음식을 안 먹겠다고 딴짓을 한다. 준비한 아침도, 일찍 일어나서 옷 입히겠다고 몸싸움한 것도, 여전히 꾸물대는 아이도, 지금 감정을 주체하지 못하는 나도, 모든 것이 마음에 들지 않아 아이의 수저를 빼앗아 개수대에 던지고 "그럼 먹지 말고 그냥 가! 유치원 늦었잖아!" 하고 더 언성을 높여 버렸다. 끔찍한 아침이 시작된 것이다.

이는 그림자를 억압한 결과이다. 자신에게 있는 어두운 경향성을 인정하고 받아들이지 않은 결과이다. 이 여성은 내가 이런 성격이 있고, 이럴 수 있는 사람이라는 것을 똑바로 바라볼 용기가 없었던 것이다. 가끔 "나는 성격이 평소엔 차분한데 한번 화내면 무서워."라고 말하는 사람의 경우, 자신이 그림자를 억압하다 터트리고 있는 것은 아닌지 생각해 볼 필요가 있다. 자신이 가지고 있는 그림자의 모습을 면밀히 탐색해 보는 것이 예상치 못한 감정적 폭발을 막을 수 있기 때문이다. 이 여성은 아이에게 소리를 지르며 숟가락을 개수대에 던져 버렸다. 또 누군가는 연애할 때 잘 웃고 고운 말만 하다가 애인과의 말싸움 도중 갑자기 핸드폰을 던지고 소리를 질러 버린 적도 있을 것이다. 모두 잘못된 모습이다. 그러나 우리가 해야할 일은 잘못된 우리의 모습으로부터 눈을 돌리는 것이 아니라 '나는 이런 사람이구나'라는 것을 먼저 받아들이는 것이다.

그렇다면 내 안에 존재하는 그림자를 받아들인 후 없애려고 노력해야 하는 것일까? 이 질문에 대해서 융은, 우리에게 필요한 것은 그림자를 없애려는 노력이 아닌 나의 그림자와 '통합하려는 시도'라고 대답한다. 억압하고 숨겨 왔던 그림자와의 통합이라니, 대체 무슨 말일까?

그림자와의 통합을 위해서는 나에게는 이런 좋지 않은 면도 있고, 이중적인 면도 있고, 남들에게 말하기 수치스러운 면도 있다는 것을 인정하는 것이 첫걸음이다. 예를 들어, 나는 만나고 이야기할 때마다 불편해서 피하고 싶은 한 사람이 있다. 사실 나는 그 사람이 싫은 것이 아니라 그 사람의 특정 모습이 싫은 것이다. 하지만 그 사람의 특정 모습이 싫은 것은 내 그림자가 그 사람에게 투사되었기 때문이다. 프로이트 역시 내 결점을 다른 사람에게서 발견할 경우 내 결점이 들킨 것 같은 불편함 때문에 상대방에게 불편함을 느낀다고 설명한 바 있다. 같은 맥락이다. 이때 우리는 단순하게 그 사람을 피함으로써 그 불편함을 외면하려 한다. 융이 설명하는 그림자와의 통합은 그림자를 그저 피하려 하지 말고, 그 특성이 어떤 것인지 구체적으로 느끼고 알아가는 것이다. 바로 그 모습이 내 안에도 있다는 것을 인정하는 것이다. 이러한 과정을 거치게 되면 그 사람에 대한 이유 없는 미움이 줄어들고 나 자신에 대한 탐색이 시작된다. 나의 탐색을 통해 내가 가진 그림자의 장점에 대해서도 생각할 수 있고, 그 장점을 십분 활용하여 내 인격의 폭과 타인에 대한 이해를 넓히는 것도 가능해지기 시작하는 것이다.

이렇게 나와 그림자의 화해가 시작되면 나에게는 억압된 에너지가 공급된다. 그리고 활력이 생기고 마음의 여유가 생긴다. 내가 나의 어두운 면을 알고 수용하면 혹시 내 안에 있는 어두움이 나를 망치거나 덮치지 않을까라는 무의식중의 두려움이 줄어들게 되는 것이다.

내 안의 그림자는 내가 태어나고 발달하고 성장하는 과정을 늘 함께 해 온 또 다른 나의 쌍둥이와 같은 존재이다. 나를 공격하는 것 같고, 나를 위태롭게 만들 것만 같지만, 사실은 자신의 말을 들어주기를 원하고, 나와 함께 있고 싶은 쌍둥이이다. 내가 나의 그림자를 안아 주고, 알아주고, 품고 함께 가려고 할 때, 나의 그림자는 나에게 새로운 삶의 에너지와 활력을 주기 시작한다. '그냥 나'에서 '이런 면도 있고 저런 면도 있지만 그것을 모두 수용하고 더 발전해 나갈 나'라는 더 큰 존재가 될 수 있다는 것이다.

이것이 융이 말한 그림자와의 통합이다. 내 안의 작은 괴물 그림자, 내가 울고 웃는 그 모든 순간에 함께한 내 안의 쌍둥이 같은 그림자. 그저 미워하려고만 하지 말고 화해의 손길을 내밀어 보는 것은 어떨까?

마음 살펴보기

• 누군가를 만났을 때 이유 없이 불편해졌던 순간이 있는가?

➜ _____

• 그 사람과 나에게 어떤 공통점이 있을지 떠올려 보자.

➜ _____

• 나의 모습 중 가장 싫어하는 모습은 무엇인가?

➜ _____

• 그런 모습이 자주 발견되는 특정 사건을 떠올려 보자.

➜ _____

• 내 안의 괴물은 내가 언제든지 통제할 수 있는가?

➜ _____

• 통제할 수 없는 상황이 있다면 그때는 언제인가?

➜ _____

• 내 안에는 몇 마리의 괴물이 살고 있는가?

➜ _____

• 내 안에 살고 있는 괴물에 이름을 붙여 보자.

➜ _____

• 나는 내가 싫어하는 모습을 꿈에서 만난 적이 있는가?

➜ _____

100

• 있다면, 그 꿈의 내용은 무엇이었는가?

➡ _____

• 내가 싫어하는 부모님의 모습 중 나에게 발견되는 모습은 무엇이 있는가?

➡ _____

• 남들은 괜찮은데 나는 참을 수 없을 만큼 욱하는 순간은 언제인가?

➡ _____

102

⑭ 스탑사인 그리기

🕐 예상 소요시간: 25분

🖊 어떤 생각이 들었을 때 혹은 어떤 감정이 느껴졌을 때, 행동이 너무 먼저 나서거나 성급히 판단하여 곤란했던 적이 있는가? 최근 있었던 일 중 이러한 경험을 떠올려 보자.

🖊 이 프로그램에서는 어떤 생각이나 감정이 섣부른 행동이나 감정의 표출로 이어지지 않도록 잠시 생각을 멈추는 작업을 할 것이다. 평소에 충동적인 생각이 들었을 때 자신이 억제해 왔던 방식을 떠올려 보자.

🖊 스탑사인은 이 프로그램에서 다음에 설명되는 약자로 사용될 것이다. 다음의 내용을 기억하며 스탑사인을 자유롭게 꾸며 보자.

　● S: Stop-멈추기

　● T: Take a breath-심호흡

　● O: Observe-관찰

　● P: Pull back and Proceed-한 걸음 떨어진 후 행동

나이키의 광고 문구를 기억하는가? "Just do it." 한글로 번역한다면 "무조건 해." 정도가 될 것이다. 이 문장은 운동선수들이 한계점까지 자신을 몰아세우고 계속해서 도전하도록 하는 채찍질에 가까운 말이다. 어떤 것을 하고 싶다고 느낄 때, 생각하지 말고 밀어붙이라는 뜻일 것이다. 오늘 우리는 나이키의 광고 문구와는 반대되는 작업을 해 볼 것이다. 어떤 생각이나 감정이 섣부른 행동이나 감정의 표출로 이어지지 않도록 잠시 생각을 멈추고 쉬어 가는 것이 이 프로그램의 목표이다.

STOP! 영어로는 단순히 멈추라는 의미이지만 S, T, O, P 각 스펠링이 여기서는 중요한 의미를 가진 단어의 첫 글자가 된다.

● S: Stop. 어떤 생각이나 감정이 느껴졌을 때 우선 멈추기

첫 번째 단계는 멈추는 단계이다. 충동적으로 바로 행동하거나 섣부르게 판단하지 말고 상황 그 자체에 다가가는 것이다. 감정과 충동이 느껴졌을 때, 우선 멈추고 기다려 보자.

● T: Take a breath. 심호흡하기

두 번째 단계는 심호흡을 하는 단계이다. 천천히 호흡을 가다듬으며 자신의 감정과 반응들이 일어나고 있는 사건에 대해 어떻게 대응하고 있는지를 살펴보자. 호흡이 들어오고 나가는 것을 관찰하면서 아무것도 바꾸려는 시도를 하지 말자. 그저 심호흡에 집중하자.

● O: Observe. 내가 무슨 생각을 하는지, 내가 무엇에 반응하는지, 내 몸에서는 어떤 일이 일어나고 있는지 관찰하기

세 번째 단계는 관찰하는 단계이다. 내 안에서 어떤 일이 일어나고 있는지를 관찰하고, 지금 내가 느낀 것, 생각한 것, 보이는 것을 하나의 관점으로 통합해 보도록 해 보자.

→ 지금 무엇이 일어나고 있는가?
→ 나는 무엇을 생각하고 있는가?
→ 나는 무엇에 집중하고 있는가?
→ 나는 무엇에 반응하고 있는가?
→ 내 마음은 무슨 말을 하고 있는가?
→ 내 몸은 지금 어떤 반응을 하고 있는가?

이제 나의 감정과 정서들을 움직일 때이다. 나의 감정은 구체적으로 무엇인가? 분노, 슬픔, 화남, 쓸쓸함 등 구체적인 감정단어를 선택해서 이름을 붙여 보자. 다음으로, 나의 몸 안에서 일어나고 있는 감각은 구체적으로 무엇인가?

긴장됨, 경직됨, 두근거림 등 구체적인 감각의 이름을 찾아보자. 여기서도 역시 아무것도 바꾸려는 시도는 하지 말자. 놀랍게도 단순히 나의 감정과 감각에 이름을 찾고 붙여 주는 것 만으로도 대부분의 사람들은 즉각적으로 차분해지는 경험을 한다.

◉ P: Pull back and Proceed. 한 걸음 물러난 후 진행하기

네 번째 단계는 새롭게 깨달은 감각과 함께 한 걸음 물러나서 더 큰 그림을 보는 단계이다. 우리는 그동안 습관적으로 감정이나 충동에 반응하던 것에서 벗어나 지금 새롭게 한 걸음 물러나는 습관을 만들어 가는 길에 있다. 어떤 일을 어떻게 진행할지는 우리의 충동이 아니라, 우리가 의식적으로 결정하는 것임을 명심하자.

나의 감정이 상황에 관련된 사실에 대응하는 감정인지 혹은 나의 개인적인 판단이나 편견 에 의한 것인지를 살펴보자. 내가 느끼고 생각하는 감정들은 사실이 아닌 경우가 많다. 스스 로에게 직접 물어보지 않는다면 아마 그것에 대한 판단을 하지 못할 수도 있다. 이제 무엇을 해야 할지에 대해 판단을 하였는가? 어떤 행동이 스스로에게 가장 최선의 선택인지, 어떤 선 택이 자신이 상황을 조절하기에 가장 적합한지에 대한 생각이 끝났다면, 이제 그것을 행동으 로 옮기면 된다.

→ 내가 제3자로서 나를 바라본다면 같은 판단을 내렸을까?

→ 나의 생각들이 지금 하나의 결정으로 통합되었는가?

→ 지금 내가 생각하는 것은 감정인가, 의견인가?

→ 내 친구에게 이런 일이 일어나고 있다면 나는 어떤 조언을 해 줄 것인가?

→ 내 행동이 다른 사람들에게 어떤 영향을 미칠 것인가?

→ 이 상황이 지금의 나에게 얼마나 중요한 것인가?

→ 6개월 후 이 상황은 나에게 어떤 의미를 가질 것인가?

→ 내가 행동하고 말하려는 것이 적절한가?

→ 나의 행동과 말은 내가 평소에 중요하게 여기는 가치들에 부합하는가?

→ 지금 나에게 그리고 다른 사람에게 최선의 선택은 무엇인가?

이 STOP 훈련은 내가 스트레스 상황에서 충동적으로 반응하는 것을 막아 줄 뿐 아니라 다른 삶의 영역에 있어서도 건강한 조율을 할 수 있도록 도와줄 것이다. 그러나 즉각적인 스트레스 상황에서 STOP 단계가 바로 적용되기란 어려운 일이기에, 사소한 일상에서부터 훈련을 하는 것이 효율적이다. 양치를 하거나, 샤워를 하거나, 손을 씻거나, 잠을 자려고 하거나, 이메일을 체크하거나, 전화를 받거나, 문자를 보내는 것과 같은 것이 기초적인 STOP 훈련을 위해 사용될 수 있다. 전화가 왔을 때 걸려온 사람을 확인한 후 재빠르게 4가지 STOP 단계를 모두 거친 후, 그다음 녹색의 전화 받기 버튼을 눌러 보자. 일상에서도 습관적으로 행동하지 말고 멈추고, 심호흡을 한 후, 나를 관찰하고 그다음에 행동하는 단계를 거쳐 보는 것이다.

스트레스를 받을 때, 불안할 때, 왜곡된 생각들이 떠오를 때, 극단적인 생각이 들 때, 직면한 상황보다 더 과장된 감정이나 생각 때문에 판단력이 흐려진다고 느낄 때 오늘 그려 본 스탑사인을 기억하도록 하자. 그저 단순하게 상황을 마주치는 대로 바로 행동하지 말자. 상황에서 한 걸음 물러나서 더 넓은 시야로 나와 상황을 바라보아야 한다. 나의 생각과 행동을 관찰하고 조율하면, 불필요하고 성급한 실수를 줄여 나갈 수 있다.

내가 가지고 있는 생각은 실제로 사실이 아닐 때가 있다. 그리고 나라는 존재와 나의 반응이라는 행위 사이를 파고듦으로써 나는 나의 생각을 바꿀 수 있다. 자신의 생각을 관찰한 후 그것을 그대로 진행하기보다 생각을 다루어 사실로 만들어 가는 것이다. STOP 단계를 통해 자신의 감정을 관찰한 후, 행동과 말을 선택할 때 다음에 이어지는 마음 살펴보기의 네 가지를 필수적으로 기억하도록 하자.

마음 살펴보기

• 이것은 사실인가?
주로 '그렇다! 사실이다.'라고 바로 대답을 할 수 있을 것이다. 내가 나의 믿음 속에서 그것이 사실이라고 자동적으로 믿고 있기 때문이다.

• 이것은 절대적인 사실인가?
나의 생각은 100% 정확한가? 내 생각을 다른 방향에서 볼 수는 없는가? 논박해 보자.

• 이 생각이 나에게 어떤 감정을 느끼게 하는가?
나에게 느껴질 감정들을 어떤 것이라도 모두 긁어 모아 보자. 그리고 슬픔, 분노, 질투, 속상함 등 정확한 이름을 붙여 보자.

• 내가 이 믿음을 가지고 있지 않다면 무엇이 달라질까?
주변 사람들과의 관계, 나의 정신적 에너지, 행복의 동기 등에 다르게 적용될 수 있는 잠재적 가치들은 무엇인가? 대체할 수 있는 믿음들을 생각해 보자.

15 마법의 가게 방문하기

🕐 예상 소요시간: 40분

✏️ 마법의 가게에 방문한 것을 환영한다. 이곳은 내가 원하는 것은 무엇이든 사고팔 수 있는 환상의 가게이다.

✏️ 여기에는 나에게는 없는 물건 3가지를 팔고 있다. 나에게 없는 그 어떤 것이라도 이곳에 가져다 놓을 수 있다. 물건은 추상적인 감정이나 행동, 능력 또는 성격들로 구성되어 있다. 진열장 위 마법상자를 자유롭게 꾸민 후 마법상자에 들어 있는 물건의 이름들을 적어 보자.

✏️ 나에게는 3가지의 상자가 있다. 이 상자에는 현재 내가 가지고 있는 성격이나 감정, 능력, 자주하는 행동 등이 담겨 있다. 나의 일부이지만 나의 삶의 질을 낮춘다고 생각하는 것들을 골라서 나에게 있지만 필요 없는 리스트에 적자.

✏️ 6개의 상자에 이름을 붙였다면 이제 각 상자에 해당하는 색이나 패턴을 이용하여 상자들을 꾸며 보도록 하자.

✏️ 이제 이 상자는 서로 맞교환이 가능하다. 나는 어떤 상자와 어떤 상자를 바꿀 것인가? 어떤 특성은 없애고 싶고, 어떤 특성은 불편하지만 그래도 여전히 남겨두고 싶은가? 그 이유는 무엇인가?

내가 가지고 있지 않은 것

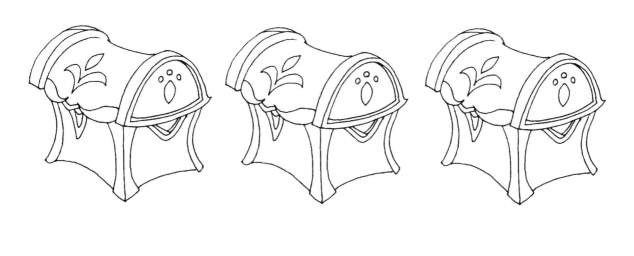

내가 가진 것 중 나에게 필요 없는 것

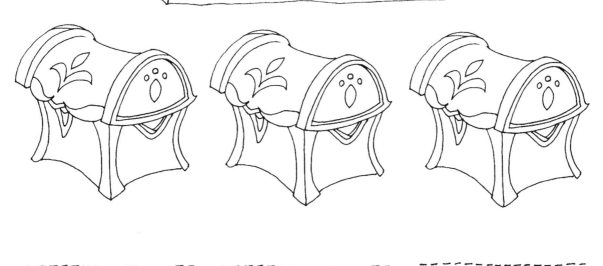

마법의 가게에서는 지금 어떤 물건을 팔고 있는가? 나에게 없는 물건에는 무엇이 있는가? 많은 사람이 자신에게 필요한 것과 자신에게서 버리고 싶은 것을 분류해 나가며 자신에게 없는 모습이 생각보다 많다는 사실에 놀라곤 한다. 또한 버리고 싶은 자신의 모습이 굉장히 많지만, 좋지 않다는 것을 알면서도 이것들을 붙잡고 살아가고 있다는 사실에 한편으로는 씁쓸해하기도 한다.

정신과 병동에 입원 중이었던 한 여성이 '마법의 가게' 프로그램에 참여를 했었다. 그녀는 늘 자존감이 낮고 남들의 시선에서 자유롭지 못한 사람이었다. 언제나 높은 기준을 제시하는 부모님의 기대감을 채우고자 그녀는 늘 강박적으로 노력했고, 그렇게 자신을 몰아세운 결과 우울증과 폭식장애, 음식강박이 그녀를 따라다녔다.

그녀는 자신에게 없으나 필요한 요소들로 '마음의 여유' '타인의 시선을 인식하지 않는 당당함' '실패하여도 좌절하지 않는 용기' '나에 대한 관대함' '있는 그대로의 나에 대한 인정' '부모로부터의 정신적 독립'을 적었다. 그녀는 자신이 가지고 있지만 버리고 싶은 것으로는 '1등 콤플렉스' '음식강박' '남을 무시하는 마음'을 적었다. 가게에서 그녀가 최종적으로 가져온 것은 '마음의 여유' '실패하여도 좌절하지 않는 용기' 그리고 '부모로부터의 정신적 독립'이었다. 그녀는 이 프로그램을 통해 자신이 가지고 있는 완벽주의는 부모님의 기대가 내재화된 결과라는 것을 깨닫고, 정신적으로 독립하지 못하였기 때문에 여전히 부모의 높은 기대를 충족시키려는 어린아이 때와 똑같은 행동을 하고 있다는 것도 알게 되었다.

완벽주의가 가져온 폐해 중 하나는 자신의 기준을 지나치게 높게 설정함으로써 그에 미치지 않는 다른 사람들을 백안시하게 된다는 것이다. 그녀는 완벽주의적 사고를 바탕으로 스스로 자신을 비하하고 있었으며, 주변의 많은 사람이 그 무시의 대상에 포함되어 있었다. 그로 인해 그녀의 많은 인간관계가 잘못되고 있었다. 그녀는 이 사실을 깨닫고 불안을 내려놓는 것을 목표로 설정하였다. 이러한 목표 설정을 통해 그녀는 마음의 여유를 가지고, 스스로를 괴롭히는 완벽주의와 강박으로부터 벗어날 수 있게 되었다. 퇴원할 때쯤 완전하지는 않았지만 그녀는 전보다 더 여유로운 마음과 함께 전보다 더 독립적인 사람으로 성장해 가고 있었다.

마음 살펴보기

• 나에게 필요 없는 모습 중 가장 버리고 싶은 모습은 무엇인가?

➜ _____

• 그 모습이 나에게 어떤 피해를 주고 있는가?

➜ _____

• 그 모습이 나에게 어떤 이득을 주고 있는가?

➜ _____

• 그 모습을 버리지 못하는 이유는 무엇인가?

➜ _____

• 그 모습을 버린다면 나에게 어떤 일이 일어날 것이라고 생각하는가?

➜ _____

• 내가 버리고 싶은 모습을 타인이 긍정적으로 평가해 준 적이 있는가?

➜ _____

• 있다면, 구체적으로 어떤 내용이었는가?

➜ _____

• 그 모습의 장점을 더 살릴 수 있다면 버리지 않고 가지고 있어도 괜찮을 것인가?

➜ _____

• 나에게 없는 모습 중 가장 가지고 싶은 모습은 무엇인가?

➜ _____

- 그 모습이 나에게 없기 때문에 생기는 불편함은 무엇인가?

➡ _____

- 그 모습이 나에게 있다면 구체적으로 나는 어떻게 변할 것 같은가?

➡ _____

- 내가 그 모습을 가지기 위해 실천할 수 있는 일 3가지는 무엇인가?

➡ _____

- 나에게 필요 없지만 여전히 버리고 싶지 않은 나의 특성은 무엇인가?

➡ _____

- 그 특성을 버리고 싶지 않은 이유는 무엇인가?

➡ _____

- 그 특성은 내게 어떤 혜택을 주고 있는가?

➡ _____

수고했어, 내 마음

16 자존감 그래프 그리기

🕐 예상 소요시간: 35분

✏️ 자신에 대해서 주관적으로 평가하는 가치의 결과는 '자아존중감'이라는 단어로 설명된다. 자아인식을 통해 스스로 어떤 가치를 지닌 존재이며 어떤 성과를 이루어 낼 만한 능력이 있는지에 대해 믿는 마음의 평가인 것이다. 나의 자아존중감에 대해 나는 스스로 어떠한 평가를 내리고 있는가?

✏️ 나는 스스로가 자존감이 낮은 사람이라고 생각하는가 혹은 자존감이 높은 사람이라고 생각하는가? 그렇게 대답한 이유는 무엇인가? 이 대답의 단서를 나는 어디에서 찾았는가?

✏️ 추상적으로 생각하는 자존감이라는 덩어리에서 좀 더 구체적으로 생각해 보자. 구체적인 자아 인식을 위해서는 스스로에 대해 판단하는 중요한 가치 12가지 요소에 대해 더 자세히 확인해 볼 필요가 있다.

✏️ 각 요소에 대해 나는 나에게 어떤 점수를 줄 것인가? 해당하는 점수를 원하는 색을 이용하여 막대그래프로 그려 보자.

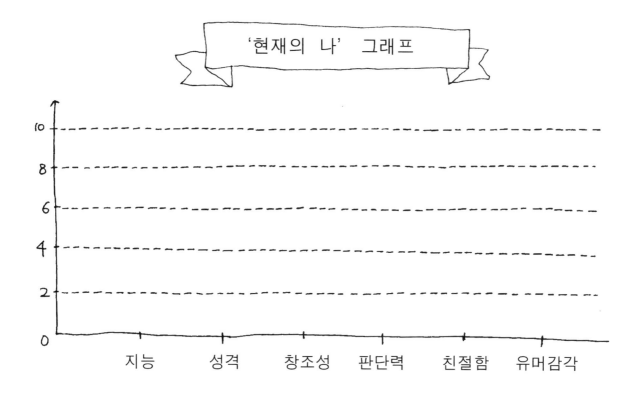

'현재의 나' 그래프

지능   성격   창조성   판단력   친절함   유머감각

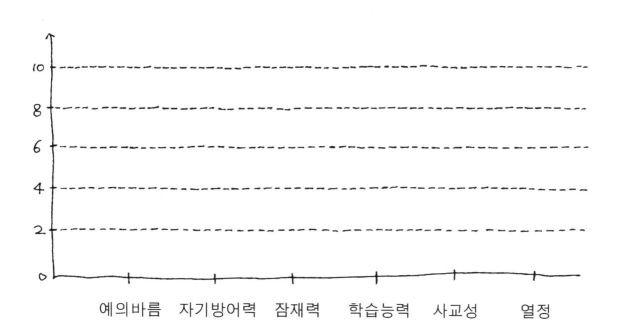

예의바름 자기방어력 잠재력 학습능력 사교성 열정

자아존중감이 확고히 자리잡은 사람은 스스로의 정체성을 확립할 수 있고, 정체성이 제대로 확립된 사람은 건강한 자아존중감을 가질 수 있다. 자아존중감은 객관적으로 이렇다, 저렇다 할 지표가 있는 것이 아니라 스스로가 판단하는 주관적인 느낌에 가깝기 때문에 자존감이 건강히 형성되지 않거나 낮은 자존감을 가진 사람의 경우 아무리 좋은 조건과 환경에서도 스스로에게 만족하지 못하며 불행해하기도 한다. 자신의 실체와는 별개로 남의 시선을 의식하며 전전긍긍 살아가는 것이기 때문에 자신이 가진 것과 자존감은 비례하지 않는다.

다음과 같은 노래 가사가 있다.

"내겐 나를 너무 사랑해 주는 그런 사람이 있어.

헌데 왜 너무 외롭다. 나 눈물이 난다. 내 인생은 이토록 화려한데.

고독이 온다. 넌 나에게 묻는다. 너는 이 순간 진짜 행복하니."

충분히 행복할 조건 속에서도 스스로 만족하지 못하는 이유, 바로 자존감의 문제이다.

왜 내가 외롭고, 공허함을 느끼는지, 왜 만족스럽지 않고 앞으로의 미래가 기대되지 않는지. 사람들은 그 이유를 다른 곳에서 찾곤 한다. 그렇게 다른 곳에 이유를 만들어 놓아야지 자신의 삶이 불만족스러워도 되는 핑계거리가 생기기 때문이다. 문제를 회피하는 것이다. 나는 학벌이 좋지 않아서, 부모님이 경제적으로 여유롭지 않아서, 키가 작아서, 덩치가 커서, 얼굴이 예쁘지 않아서, 좋은 직장을 다니지 못해서, 그래서 나는 불행하다고 생각한다. 그렇다면 더 좋은 직장을 가진다고, 덩치가 작아지고 얼굴이 예뻐지면 과연 이러한 불만족스러움에서 벗어날 수 있을까?

상담에 찾아왔던 내담자 중 객관적으로 좋은 학벌과 훌륭한 외모를 가지고 있던 한 여성이 있었다. 그녀는 자신의 분야에서 이미 박사학위까지 취득한 상태였음에도 불구하고 자신의 분야에서는 성취감을 느낄 수 없고, 자신에게 이 학문은 사실 맞지 않고, 꿈도 아니었고, 마음에 들지 않기 때문에 계속하는 것이 의미가 없다는 불만을 토로했다. 그런 그녀가 선택한 것은 다른 전공 공부로 새롭게 대학원을 준비하는 것이었다. 공부에는 재능이 있었던 그녀는 6개월 가량 새로운 공부에 매달렸고, 그 성과를 보이는 듯하였다.

그녀가 공부하는 목적은 무엇이었을까? 그녀에게 질문해 보았다. "그러면 지금 하는 공부는 어릴 적의 꿈이었나요?" 그렇지 않다고 대답한다. "그렇다면, 최종적으로 새로운 전공분야에서 학위를 취득하고 나서 얻은 직업이 잘 맞을 것이라는 확신이 있나요?" 역시 그렇지 않다고 대답한다. "계속해서 이 공부를 하는 이유는 무엇인가요?" 이 질문에 그녀는, 그냥 지금의 전공이 마음에 들지 않기 때문이라고 한다. 혹시 눈치챘는가? 그렇다. 그녀는 모든 것이 불만족스러운 사람이었다.

심리상담현장에서는 이런 유형의 내담자를 '불평자'라고 부른다. 불평자는 자신의 주변에서 벌어지는 모든 일과 상황에 불만족할 수 있는 능력을 가진 사람이다. 가진 것이 없어서가 아니라, 스스로에 대해 지속적으로 낮은 평가를 내리며 자신이 이미 가지고 있는 자원들을 저평가하는 유형이다. 그러니 스스로 잘하는 것이 하나도 없음은 당연한 것이었다. 이와 반대로 자신의 상황이 객관적으로 최고가 아님을 알면서도 자신의 가치에 대한 믿음이 흔들리지 않는 사람들이 있다. 이것은 바로 자존감의 차이에서 온다.

나에 대해 다양한 방면으로 탐색하고 알아가는 과정은 자기 탐색과 자존감 향상을 위한 가장 중요한 첫걸음이다. 자신이 가진 것, 생각하는 것, 깨달은 것, 바라는 것 등 모든 요소를 종합적으로 탐색하고 찾아내어 진짜 자신의 모습에 더 가까이 다가가 보기를 바란다.

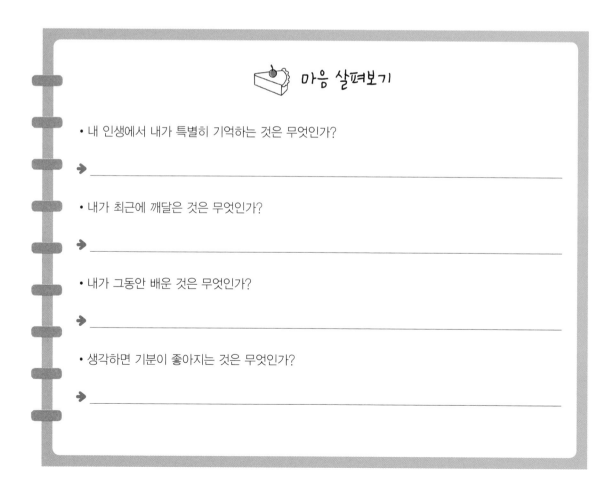

마음 살펴보기

• 내 인생에서 내가 특별히 기억하는 것은 무엇인가?
➜

• 내가 최근에 깨달은 것은 무엇인가?
➜

• 내가 그동안 배운 것은 무엇인가?
➜

• 생각하면 기분이 좋아지는 것은 무엇인가?
➜

• 내가 살면서 놀라웠던 것은 무엇이 있는가?

→ _____

• 앞으로도 기억하고 싶은 추억은 무엇인가?

→ _____

• 내가 가장 아끼는 것은 무엇인가?

→ _____

• 내가 잘하는 것들은 무엇인가?

→ _____

• 내가 생각하는 '내가 특별한 이유'는 무엇인가?

→ _____

• 내가 꼭 잊지 말아야 할 것은 무엇인가?

→ _____

• 내 인생의 좌우명은 무엇인가?

→ _____

• 소망하는 것들 중 가장 현실로 이루어지기 바라는 것은 무엇인가?

→ _____

• 내 인생에서 최고의 순간은 언제였는가?

→ _____

• 내가 부끄러워하는 상황은 언제인가?

→ _____

- 내가 나를 자랑스러워하는 상황은 언제인가?

➔ _____

- 내가 행복하기 위해 꼭 필요한 것은 무엇인가?

➔ _____

- 나의 목표를 위해서 희생해야 할 것은 무엇인가?

➔ _____

- 나를 화나게 하는 것은 무엇인가?

➔ _____

- 내가 존경하는 사람들의 공통점은 무엇인가?

➔ _____

- 내가 안전함을 느끼는 순간은 언제인가?

➔ _____

- 살면서 들었던 나에 대한 최고의 평가는 무엇인가?

➔ _____

- 어린 시절 가장 좋았던 기억은 무엇인가?

➔ _____

- 돈에 구애받지 않는다면 무엇이 가장 하고 싶은가?

➔ _____

17 이상적인 나의 모습은?

🕐 예상 소요시간: 25분

✏️ 우리가 게임을 좋아하는 이유 중 하나는, 아마도 게임 속 캐릭터는 내가 투자한 시간과 노력에 비례하여 성장하고 강해진다는 즐거움이 있기 때문일 것이다. 여기, 내가 마음대로 모든 수치를 조정할 수가 있는 캐릭터가 있다. 캐릭터의 성별과 외모는 어떤 모습이 기를 원하는가?

✏️ 게임처럼 각 수치를 마음대로 조절하여 가장 이상적인 상태를 만들 수 있다면 나는 그 캐릭터를 어떤 능력과 특징을 가지도록 만들 것인가?

✏️ 내가 떠올린 캐릭터는 내가 아는 사람 중 누구와 가장 비슷한 느낌이 나는가?

✏️ 내가 생각하는 가장 이상적인 자아상은 어떤 모습인가?

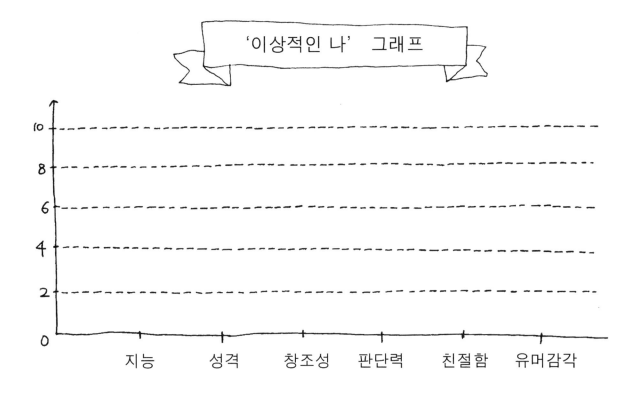

'이상적인 나' 그래프

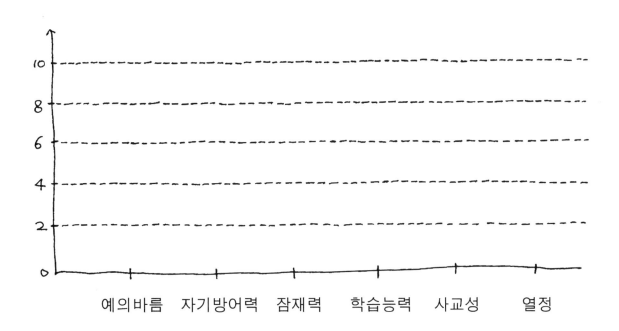

현실도 게임과 같으면 얼마나 좋을까? 원하는 대로 필요한 수치를 올리고, 시간을 들여 노력하면 그만큼의 대가를 받으며 경제적 능력도 갖출 수 있다면 좋을 텐데, 현실은 그렇지 못하다. 누구나의 머릿속에는 늘 가져왔던 '나도 이랬으면 좋겠다.'는 스스로의 모습이 있다. 여기에서 마음대로 능력치와 외모를 설정할 수 있는 하나의 캐릭터를 가상으로 만들어 보자. 자유롭게 자신이 원하는 이상적인 모습을 설정한다면 나는 어떤 모습을 설정할 것인가? 그냥 모든 것이 다 좋은 것이 제일 좋은 상태 아닌가? 라고 생각한다면 수치들을 좀 더 자세히 살펴볼 필요가 있다. 정말 모든 수치가 높은 것이 나의 이상적인 모습인가?

우유부단하고 둔감한 성격이 삶에서 흠이 되어 왔다고 생각한 사람이 있다면 좀 더 예민함과 결단력이 높은 사람이 되기를 바랄 수 있다. 그러나 날카로운 성격이 대인관계에 문제가 되었거나 지나치게 단호한 모습이 주변 사람들에게 불편함을 주었던 사람이 있다면 그 사람에게는 예민함과 결단력이 어느 정도 감소되는 것이 더 바람직할 것이다. 스스로를 채찍질하고 몰아세우며 스트레스를 받아 온 사람은 어느 정도 절제심이 감소된 것이 더 이상적인 상태라고 생각할 수 있으나, 반대로 다이어트, 이성관계, 지출 등에 있어서 잘 통제하지 못하고 선을 긋지 못하는 사람에게는 절제심이 미덕이 될 수 있다.

내가 이상적으로 만들어 낸 캐릭터는 어떤 특징을 가지고 있는가? 나는 이 캐릭터의 어떤 면을 중요시하였는가? 이 캐릭터의 특징들은 현재 나의 특징들과 많은 차이가 있는가 혹은 비슷한가? 스스로 대답해 보도록 하자.

이상적인 자아상을 그려 내는 작업은 두 가지 측면에서 활용될 수 있다. 첫째, 나의 현재의 자아상과 이상적 자아상과의 차이를 살펴봄으로써 그 목표를 위해 내가 구체적으로 노력해야 할 부분을 탐색하고 원하는 모습에 다가가기 위한 계획을 구성하는 실천적 프로그램이 될 수 있다. 둘째, '나는 이렇게 되어야 해.'라고 생각하는 나의 비합리적인 신념이나 강박을 살펴보는 기회가 될 수 있다.

심리학에서는 내가 나에 대해서 인식하는 자아상을 '현실적 자아상', 내가 이상적으로 생각하고 바라는 모습은 '이상적 자아상'이라고 말한다. 이상적 자아상은 누군가에게 꿈이자 목표가 될 수 있기에, 긍정적으로 활용하는 사람들도 많이 있다. 반면에 이상적 자아상으로 인해 현실에 대한 부정적인 피드백을 받는 사람들도 존재한다. 예를 들어, 나의 이상적 자아상은 백마탄 왕자님을 만나는 공주님인데, 나의 현실은 그저 평범한 여성인 경우가 이에 해딩한다. 이상적 자아상이 지나치게 높아 현실을 부정적으로 인식해 버리는 경우이다.

반면에 이를 긍정적으로 활용한다면 이상적 자아상은 내가 이루고 싶은 생생한 목표가 될 수 있다. 나에 대한 긍정의 기대감이자 궤적인 꿈이 될 수 있는 것이다. 그렇기 때문에 내가 바라는 나의 모습을 구체적이고 명확하게 그려 낼수록 그 모습에 더 가까이 다가갈 수 있는 확률이 높아진다. 이것은 살을 뺀다든가 자세를 교정하여 몸매를 예쁘게 하겠다는 행동 원리뿐 아니라 날카로운 성격이나 자동적으로 떠오르는 부정적 신념을 수정하겠다는 사고의 측면에서도 마찬가지이다.

누구나 바라는 스스로의 모습이 있고, 꿈꾸는 삶도 존재한다. 그것이 긍정적인 방향으로 희망이 되어 다가온다면 자신의 노력과 실천을 통해 이상적 자아에 한 발자국 다가가게 될 것이다. 현실의 나와 이상적 내가 완전히 일치하는 사람은 세상에 존재하지 않으며, 모두가 매일 그 모습을 향해 나아가고 있을 뿐이라는 것을 기억해야 한다. 만약 두 자아상이 완전히 일치한다고 스스로 말하는 사람이 있다면, 그 사람은 그저 자신의 바람이나 소망을 외부적으로 숨겨 둔 것뿐이다.

우리 모두는 매일이 실수투성이이고 못난 모습을 많이 가지고 있는 미완성의 존재이다. 다들 잘 사는 것 같은데 나만 못났다고 느낀다면, 이것만큼은 확실히 말해 줄 수 있다. 모두가 고군분투하며 자신의 모습을 바꾸어 가기 위해 애쓰고 있으며 그것이 수면 위로 보이지 않을 뿐, 나만 그런 것이 아니다.

이상적인 자아상을 그려 보는 작업은 때로는 자신이 가지고 있는 비합리적 신념이나 강박을 관찰할 수 있는 계기가 되기도 한다. '나는 반드시 이렇게 되어야 해.'라고 스스로에게 부과한 짐들을 발견할 수 있는 동기가 될 수 있기 때문이다.

상담현장에서 만났던 한 여성은 남편과의 관계뿐만 아니라 딸과의 관계에서도 불편함을 느끼고 있음을 이야기하였다. 배우자와의 불편함을 토로하는 사람은 자주 만났지만 딸에게 불편함의 감정을 느끼는 경우는 흔하지 않았기에 그 이유를 좀 더 면밀히 탐색해 보았다. 그녀는 한참을 망설이다가, "저는 딸이 태어난 그 순간부터 불행했어요. 원치 않는 아이였거든요." 라고 대답한다. 자신의 삶이 불만족스러울 때마다 딸을 보며 '너만 아니었어도'라는 생각이 들고, 그 생각을 하고 있는 스스로가 죄책감을 느꼈다고 설명한다. 딸에게는 미안한 마음이 늘 있었지만 남편의 모습을 닮은 딸에게 정을 주지 못하는 스스로가 미웠다고 한다.

'내가 낳은 딸이니 내가 챙겨야 하고, 내가 선택한 결혼이니 잘 이끌어 가야 한다.'는 책임감이 그녀를 20년 넘게 피폐하게 만들고 있었다. 그녀의 이상적인 자아 그래프는 어떤 모습이었을까? 내심 그녀가 스스로에게 자유롭고 관대한 모습을 그려 내기를 바랐으나, 결국 그녀가 그려 낸 이상적 자아상은 책임감과 신중함, 애타심과 딸과 가족에 대한 의리를 꼭 지켜야 하는, 지금 그녀가 아등바등 되기 위해 노력하는 그런 사람의 모습이었다. 스스로가 그것 때문에 말라 가고 있었는데도 더 책임감 있는 모습을 그녀는 이상적이라고 그려 낸 것이다. 진심으로 이 모습이 되기를 바라느냐고 물으니 고개를 저으며 아니라고 답을 한다. 그런데 그녀는 왜 이렇게 그려 냈을까? "이 모습이 내가 추구해야 하는 모습이 아니라고 부정하면, 지금까지의 나의 삶이 너무 불쌍하잖아요."라고 말하는 그녀의 눈에 눈물이 고인다.

그렇다. 어쩌면 이렇게 하는 것이 옳다고 하지 않으면 그동안의 나는 무엇이 되느냐고 되물을 수 있다. 나는 돈이 넉넉지 않아 사고 싶은 것도 사지 못하고 아끼면서 살아왔는데, 그렇게 사는 것이 바보 같다고 누군가가 말한다면 정말 화가 날 것이다. 제3자는 객관적으로 말할 수 있다. 5000원짜리 음료수를 비싸서 못 마시고 4000원짜리를 주문하는 나에게 1000원을 아껴서 무엇을 할 것이냐고 물을 수 있다. 이렇게 아낀 1000원이 그리 큰 가치를 가지지 않는다는 것은 본인도 잘 알고 있을 것이다. 1000원을 아끼고 모아 부귀영화를 누릴 수 있다고 생각하지는 않으니 말이다. 그러나 경제적으로 늘 넉넉지 않기에 돈을 아끼는 것이 습관이 되었다. 그래서 나 스스로는 근검절약하고 검소한 사람의 가치를 높게 생각해야 한다. 나의 과거와 현재가 상처받지 않기 위해서.

'꼭' '반드시'라는 단어를 사용해 무언가 해야 한다고 나 스스로에게 자주 말을 건다면 그 문장들을 면밀히 살펴볼 필요가 있다. 이 세상에 '꼭' 해야 하고 '절대' 하지 말아야 하는 것은 없다. 나는 '반드시' 완벽할 필요도 없고, 좋은 사람이 될 필요도 없다는 것이다. 내가 그렇지 않는다고 하여 세상은 크게 신경 쓰지 않는다. 앞서 딸과의 불편한 관계를 고백했던 여성은 상담이 끝나자 딸의 밥을 차려주러 빨리 가야 한다고 말을 하였다. 스스로에게 부여한 책임감과 딸을 충분히 사랑해 주지 못했다는 죄책감에서 비롯된 의무감이었다. 이미 대학도 졸업한 딸인데, 밥을 차려주지 않는다고 무슨 일이 벌어질까?

그녀와의 상담이 끝난 후 딸에게 밥을 알아서 차려먹으라는 문자를 보내고 함께 식사를 하자고 말을 건넸다. 처음에는 불안해한다. 늘 자신이 해 오던 일이니까. 그러나 당연한 결과이지만 딸에게 밥을 챙겨 주지 않아도 아무 일도 일어나지 않았다. 왜 늘 남편도, 딸도 자신이 챙겨야 한다고 생각하며 그토록 스스로를 괴롭혔을까?

스스로 채찍질을 하며 자신을 몰아가는 모습, 혹시 나에게도 있는 모습은 아닌지 생각해 볼 필요가 있다. 주변에서 아무도 뭐라고 하지 않는데 자신에게 상처를 주며 짐을 부과한다. 만일, 주변에서 뭐라고 한다면 또 어떠한가? 나라는 존재는 타인의 기대와 평가로 만들어진 사람이 아니다.

나의 이상적 자아가 지금 너무 많은 짐을 지고 있지는 않는지 점검해 보자. 그 짐은 그 누구도 아닌 나 스스로가 지운 무게이고, 그것을 덜어줄 수 있는 사람도 나 스스로라는 것을 기억해야 한다.

마음 살펴보기

- 나의 이상적인 자아는 어떤 측면이 가장 강조되어 있는가?

→ _____

- 나의 이상적인 자아는 나의 현실적 자아와 다른 면이 더 많은가 아니면 비슷한 면이 더 많은가?

→ _____

- 이상적인 자아와 가장 일치한다고 생각하는 주변 사람이나 유명인이 있는가?

→ _____

- 이상적인 자아에 가까워지기 위해 지금껏 나는 어떤 노력을 해 왔는가?

→ _____

- 여러 가지 요소 중 한 개의 요소를 선택해 보자. 내가 그 목표에 도달하기 위해서 3년 안에 해야
  할 일은 무엇인가?

→ _____

- 그 목표를 위해 앞으로 한 달간 할 수 있는 일은 무엇인가?

→ _____

- 앞으로 일주일 내에 할 수 있는 일은 무엇인가?

→ _____

- 그 목표를 위해 일주일에 몇 번, 몇 시간씩 시간을 투자할 수 있는가?

→ _____

- 나는 이상적 자아와의 비교를 통해 스스로 자존감을 떨어뜨리고 있지는 않은가?

→ _____

- 이상적 자아를 설정할 때 나의 욕구는 얼마나 반영이 되었는가, 또 주변 사람들의 욕구는 얼마나 반영되었는가?

  ➜ _____

- 이상적으로 상상한 나의 모습에 새로운 이름을 붙인다면 무엇이 좋겠는가?

  ➜ _____

- 이상적 모습이 되기 위한 준비에는 어떤 투자와 희생이 수반되는가?

  ➜ _____

- 그 준비를 위해서 내가 앞으로 한 달간 해야 할 일은 무엇인가?

  ➜ _____

- 나는 '시간이 남으면' 그 노력을 할 예정인가, '시간을 따로 내어' 그 노력을 할 예정인가?

  ➜ _____

- 내가 목표로 한 모습에 가까워졌을 때 가장 긍정적으로 예상되는 것은 어떤 부분인가?

  ➜ _____

⑱ 나의 손 살펴보기

🕐 예상 소요시간: 20분

✏️ 나는 오른손잡이인가, 왼손잡이인가? 자주 사용하는 손을 자세히 들여다보자.

✏️ 내 손에는 손금이 많은 편인가? 거친 편인가? 흉터가 많은 편인가?

✏️ 오늘 하루 손이 나를 위해 한 일은 무엇인가? 내 손은 지금까지 나를 위해 무슨 일을 하며 살아 왔는가?

✏️ 지난 시간 동안 내 손이 했던 일 중 잘했던 일과 고생했던 일을 떠올려 보자.

✏️ 고생한 나의 손을 위해 예쁜 색연필로 손 안을 가득 채워 보도록 하자.

😊 나의 손을 마지막으로 자세히 관찰해 본 것은 언제인가? 여기에서는 나의 손을 더 가까이 관찰하고 내 손이 그동안 나를 위해 해 왔던 일들에 대해 탐색을 해 나갈 것이다. 자, 이제 나의 손바닥을 눈앞으로 가져와서 찬찬히 살펴보자. 내 손바닥은 어떻게 생겼는가?

오른손잡이는 손바닥을 관찰할 때 주로 왼손을 관찰한다. 일을 해야 하는 오른손은 책을 잡고 있을 테고, 주로 쓰지 않는 왼손이 보조역할을 할 테니 말이다. 내가 내 손을 처음 관찰했던 시기는 언제였나? 혹시 어린 시절 몸을 관찰하던 기억이 남아 있는가? 주로 아이들은 100일 정도가 되었을 때 처음으로 자신의 몸에 연결된 손이라는 것에 대해 관찰을 하기 시작한다. 그러고 나서 자신의 손을 빨아보기도 하고 자신의 손가락도 만져 보기도 하고 슈퍼맨 자세로 저 멀리 있는 자신의 손을 관찰하기도 한다. 그때까지만 해도 손이 하는 일은 크게 많지 않았다.

자라나면서 손이 하는 일은 점점 더 많아졌다. 손을 이용하여 엄마 옷을 쥐고 보채고, 분유병을 잡고, 장난감을 가지고 놀다가 던지기도 하고, 친구의 머리카락을 잡아 뜯기도 했을 것이다. 엄마가 정리해 놓은 집을 어질러 놓기도 하고, 처음에는 엉금엉금 기어 다니느라 손이 발과 같이 이동의 역할을 하기도 했을 것이다. 장난을 치다가 손을 다치기도 여러 번일 것이다.

학교에 들어가면서 손은 좀 더 바빠졌다. 연필을 쥐고 글씨를 쓰기 시작했고, 교과서를 넘기며 책을 읽도록 도와주었다. 작은 책가방을 메고, 실내화를 갈아 신고, 체육시간엔 체육복을 갈아입고, 친구들과 함께 급식을 먹고, 게임도 하고 다양한 활동을 한 것도 손이다. 손은 나의 어린 시절을 모두 기억하고 있는 기억의 보물창고이다.

성인이 된 지금 나의 손이 하는 일을 다시 생각해 보자. 나의 손은 내가 생각하는 것보다 더 많은 일을 하고 있다. 특히 가장 힘든 일과 어려운 일은 손이 없었으면 해내지 못했을 것들이 많이 있다. 나의 손은 지금껏 나에게 무엇을 해 주며 살아왔는가?

손은 온갖 고된 일은 모두 도맡아서 해 왔다. 아침에 일어나서 나의 몸을 씻고, 화장을 하고, 머리를 빗고, 서둘러서 옷을 입고 지갑을 열어 교통카드를 꺼낸 것도 나의 손이다. 나의 손은 공부를 하기 위해 펜을 들거나 일을 하기 위해 컴퓨터의 자판을 하루 종일 두들긴 다음, 집에 와서 식재료를 썰고, 음식을 굽고, 볶고, 전자레인지를 사용하며 나를 먹여 살리기 위해 애써 왔다. 굴러다니는 먼지를 닦고, 어질러진 방을 정리하고 옷들을 옷장에 걸고 서랍장에 물건을 넣어 나를 인간답게 살게 해 주는 것도 손이다. 그러나 이런 고된 일을 도맡아 해 오면서 종이에 잠깐 베이거나 다치면 적당히 약을 바르고 반창고를 붙여 주는 것만으로 끝이 난다. 만약 얼굴에 그런 상처가 났다면 흥이 질까 봐 호들갑을 떨었을 것이 확실한데 말이다. 가장 위험한 일에 노출된 것은 가장 바쁘게 지내는 손이다.

누군가와의 중요한 관계에 있어서도 손은 큰 역할을 해 왔다. 친구가 힘들 때 어깨를 토닥여 주기도 하고, 손을 꼭 붙잡아 주기도 했다. 그 어떤 한마디보다 내 손이 따뜻하게 어깨를 감싸 주는 것이 더 큰 위로가 된 날도 있었다.

기분이 좋은 날 쇼핑을 하며 그 많은 쇼핑백을 하루 종일 들고 다는 것도, 맛집을 찾아다니며 맛있는 음식들을 내 입에 넣어 준 것도 손이다. 친구와 저녁 내내 채팅으로 수다를 떨기도 하고, 카페에 가서 수십 번 같은 컵을 홀짝이게 한 것도, 맛있는 케이크를 아주 조금씩 등분하여 나의 입에 넣은 것도 손이다. 내 손은 사랑하는 사람을 위해서 맛있는 음식을 만들거나, 손수 선물을 포장하기도 했다. 마음을 담은 편지를 쓰기도 하고, 전화를 걸어 밤새 수다를 떨 때 무거운 핸드폰을 들고 있던 것도 나의 손이다. 친구가 속상한 일이 있다고 할 때, 무거운 맥주잔을 친구의 맥주잔과 부딪치며 기운 내라고 한 것도 손이다. 또한 손은 우리 부모님의 어깨를 주물러 주기도 하고, 아이를 안아 주거나 귀여운 반려동물을 따듯이 보살펴 주기도 하였다. 우리 주변의 관계를 더 돈독하게 만들어 주는 데에 큰 역할을 해 온 것이 바로 손이다.

손은 나의 감정을 표현하기 위해서도 많은 역할을 해 왔다. 반가운 사람을 만났을 때 흔들어 인사를 하고, 긴장되는 순간에는 주먹을 꼭 쥐고, 안도의 한숨을 쉴 때에는 가슴을 쓸어내렸다. 말을 하던 도중, 부끄럽거나 당황할 때에 입을 가려 나의 감정을 숨기기도 하였고, 보기 싫은 것을 보게 될 때나 무서운 영화를 볼 때에는 내 눈을 가려 나를 불쾌한 것들로부터 피하게 해 주기도 하였다. 간절히 바라는 것이 있을 때에는 두 손을 모아 기도를 올렸고, 공손히 무언가를 받을 때에는 두 손을 모두 사용하여 받기도 했다. 화가 날 때에는 주먹을 쥐어 무언가를 때리기도 하였고, 가끔 두 번째 손가락으로 여기저기를 가리키며 삿대질을 한 버릇없는 것도 손이다. 가슴이 답답할 때 나의 주먹은 나의 가슴을 툭툭 치며 한숨을 쉬기도 했다. 생각이 잘 나지 않을 때에는 머리를 긁적이거나 턱을 괴고 멍하게 시간을 보낸 것도 손이다. 너무 슬픈 날에는 두 손으로 얼굴을 감싸고 흐느끼게 한 것도, 하염없이 흘러내리는 내 눈물이 마를 때까지 닦아 주었던 것도 나의 손이다. 손은 나의 기쁨과 슬픔, 답답함 등 내 감정을 더욱 적극적으로 표현하도록 도와주었다.

누군가의 손은 놀랄 만한 역할을 해 내기도 한다. 같은 사람의 손인데 놀라울 정도의 기술을 선보이는 경우이다. 장인과 미술가의 손재주만 봐도 그러하다. 누군가의 손은 도자기를 빚고, 그림을 그리고, 대리석을 쪼아 내어 조각품을 만들어 낸다. 스포츠 선수는 손을 교묘히 이용하여 테니스를 치고, 골프를 치고, 야구공이 춤을 추도록 던지는 능력이 있다. 음악가의 경우, 가느다란 손가락으로 피아노를 치고 바이올린의 활을 켠다. 의사 선생님의 손은 한 생명을 살리기도 하고, 시계장인은 일일이 모든 부품을 손으로 끼워 맞춰 명품 시계를 만들어 낸다. 우리는 여전히 핸드메이드 제품에 열광을 한다. 기계로 찍어 낸 제품보다 사람의 손으로 만들어 낸 제품에 더 큰 가치를 두기 때문이다.

젓가락을 사용하는 문화권의 사람들은 머리가 좋다고 한다. 세밀한 손의 동작을 어린 시절부터 자연스럽게 훈련하는 것이 뇌의 발달에 도움이 된다는 이유에서이다. 손을 사용하는 것과 손을 사용하지 않는 것이 학습에서도 큰 차이를 보인다는 것은 이미 여러 연구를 통해 밝혀진 바 있다. 185개국을 대상으로 평균 IQ조사를 했을 때, 1위부터 5위까지의 국가가 젓가락을 사용하는 국가였고, 대한민국은 평균 IQ 106으로 2위를 기록한 적이 있었다. 이것이 우연의 일치는 아닐 것이다. 뇌파실험 결과 포크보다는 나무젓가락이, 나무젓가락보다는 쇠젓가락이 더 집중력이 높았는데, 손가락의 사용도 영향을 미쳤지만 그 무게감과 미끄러움을 견뎌 내기 위해 더 많은 집중이 필요했다는 분석이었다. 특히 우측 측두엽이 눈에 띄게 활성화되었는데, 이곳은 비언어적인 행동의 기억을 저장하는 곳으로 쇠젓가락을 사용할 때 포크보다 30% 이상, 아무것도 사용하지 않는 상태일 때보다 50% 이상의 활성화 정도를 보여 주었다.

손을 움직임으로써 운동중추와 사고담당 뇌부위가 자극을 받게 되는데, 반대로 손을 움직이지 못하게 했을 경우 바로 옆의 기억을 담당하는 뇌의 활동이 줄어들기도 한다. 아이들은 손가락을 이용하며 숫자를 세고 단어가 잘 떠오르지 않을 때 허공에 둘째손가락으로 글씨를 써 가면서 단어를 찾는다. 아이들의 실험에서 질문과 대화를 할 때 손을 아예 못 움직이게 하거나 테이블을 잡은 상태에서 대답을 하도록 하자 평소보다 이야기하는 능력이 떨어지는 것이 드러났고, 평소 손을 이용한 큰 제스처를 자주 사용하던 아이는 아예 이야기를 하지 못하는 모습을 보였다. 피아노를 칠 줄 아는 아이와 치지 못하는 아이들의 퍼즐 실험에서 놀랍도록 그 속도는 2배 이상의 차이가 나기도 했다. 유럽 문화권에서는 아이에게 바느질을 가르치는 것도 손과 두뇌 발달의 연관성을 알고 있기 때문일 것이다.

미술치료 프로그램 중에는 석고붕대로 손을 본뜨는 작업이 있다. 석고붕대 작업은 무언가를 전달하고 싶은 손의 표정을 짓고, 그 모습을 석고붕대를 겹겹이 발라 굳힌 후 떼어 내는 작업이다. 하얗고 단단하게 본이 떠진 손의 포즈에서 스스로가 전달하고 싶은 손의 표정은 어떤 의미를 가지고 있는지를 탐색하고, 현재 자신의 장단점 및 앞으로 소망하는 바를 석고 위에 아크릴로 그려 내거나 꾸며 내는 작업을 한다. 스스로의 손에 이러한 감정이나 소망에 대해 표현하는 것은 바로 손이 한 개인의 인격 형성, 성취나 실패의 주체가 되어 왔고, 앞으로 일어날 모든 일에서도 주인공의 역할을 묵묵히 해낼 것이기 때문이다.

마음 살펴보기

- 나의 손이 했던 일 중 가장 자랑스러웠던 일은 무엇인가?

  ➜ _____

- 나의 손이 했던 일 중 죄책감을 가지고 있는 일은 무엇인가?

  ➜ _____

- 내가 손으로 적었던 말, 혹은 타이핑을 했던 말 중 가장 후회스러운 일은 어떤 것인가?

  ➜ _____

- 나의 손으로 했던 일 중 가장 운이 좋았었다고 기억되는 사건은 무엇인가?

  ➜ _____

- 나의 손으로 잡았던 물건 중 가장 소중했던 것은 무엇인가?

  ➜ _____

- 나의 손으로 누군가를 도왔던 기억이 있는가?

  ➜ _____

- 그 사람은 누구인가? 그 때 어떤 사건이 있었는가?

  ➜ _____

- 나의 손이 했던 일 중 나만이 알고 있는 비밀은 무엇인가?

  ➜ _____

⑲ 나의 발 살펴보기

🕐 예상 소요시간: 20분

활동 1

✏ 나의 발을 관찰해 보자. 나의 발은 어떻게 생겼는가?

✏ 내 발은 부드러운 편인가, 어두운 편인가, 흉터가 많은 편인가?

✏ 발톱은 정기적으로 관리해 주고 있는가, 발을 위해 각질제거와 수분 공급은 잊지 않고 있는가?

✏ 발은 나의 몸 중에서 가장 아래에 위치하고 있으면서, 늘 가장 많은 고생을 하고 있는 몸의 일부이다. 오늘 하루 발이 나를 데려간 곳을 떠올려 보자.

✏ 발이 열심히 일해 준 덕분에 우리는 많은 곳을 가 볼 수 있고, 많은 것을 경험할 수 있었다. 수고한 나의 발을 예쁘게 칠해 주자.

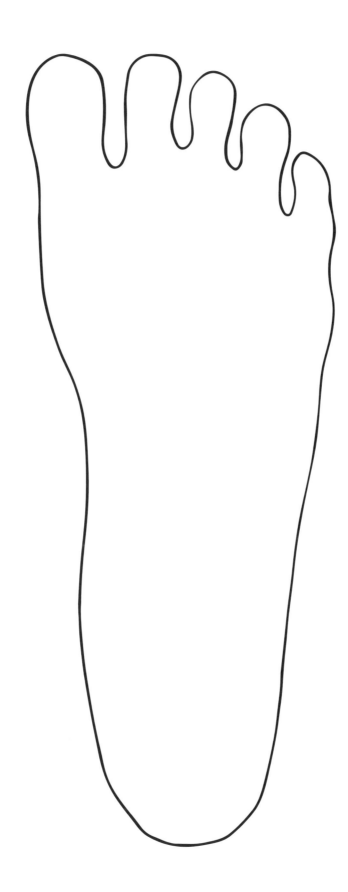

활동 2

🖊 발이 나를 데려갔던 장소 중 가장 기억에 남는 장소를 떠올려 보자.

🖊 그곳에는 누구와 함께 갔었고, 나는 그곳에 어떤 목적으로 갔었는가?

🖊 그 장소를 사진으로 찍어 남겨두었는가? 사진 속에 나도 포함되어 있는가? 나는 어떤 표정을 짓고 있는가?

🖊 그날의 날씨, 그곳에서 들리던 소리, 그곳의 향기를 떠올려 보자.

🖊 그곳에서 했던 대화 중 가장 기억에 남는 대화는 무엇인가?

🖊 가장 기억에 남는 장소를 그림으로 그려 보도록 하자.

😊 이번에는 나의 발에 대해 생각해 볼 차례이다. 나의 발은 매일 걷고 뛰고 서 있으면서 하루 종일 나를 위해 고생하고 있다. 발 덕분에 우리는 세상의 많은 곳을 가 보게 되는데, 발이 우리를 데리고 간 곳은 소중하고 의미 있는 장소가 되기도 하지만, 때론 아픈 기억의 장소가 되기도 한다.

발은 나를 많은 장소에 데려가 주어 나에게 특별한 추억을 만들어 주었다. 새내기가 되어 입학한 대학에, 처음 취업하던 회사에 혹은 중요한 시험의 장소에 데려간 것도 발이다. 내가 무언가 성취했던 장소에 내 발은 늘 나와 함께 그 기쁨을 맞이했었다. 내 발은 구두나 하이힐 속에서도 날 위해 늘 고생하곤 한다. 하이힐을 신고 있으면 평지에 있어도 이미 발목이 아래로 구부러진 상태로 있기 때문에 발은 굉장히 피로감을 느꼈을 것이다. 마치 계속해서 발꿈치를 들고 서 있는 상황이 되기 때문이다. 하이힐의 굽이 높아질수록 몸의 무게 중심은 땅에서 멀어져 불안정해지고, 발목을 접질리지 않기 위해 힘을 주어 걸으니 허리, 어깨, 목의 피로함도 함께 동반된다. 내가 조금이라도 더 예쁘게 보이기 위해 발은 하이힐 속에서 고생을 해 왔다.

발을 거칠게 쓰고 많이 쓰면 그만큼 내 발의 모양은 험해진다. 그래서 옛말에 결혼할 때 발을 보라는 말이 있었다. 아마 발이 험하게 생기면 그동안 고생을 많이 했다는 뜻이고, 고생을 하고 살아왔다는 것은 환경이 좋지 않았다는 뜻이 되기 때문일 것이다. 태어난 발의 모양을 말하는 것이 아닌, 그동안 어떻게 살아왔는지가 발에 반영된다는 뜻이다.

옛날 중국에서는 전족이라는 문화가 있었다. 전족은 한때 부귀의 상징이었는데, 발을 꽁꽁 싸매며 자란 아이는 힘들게 일을 하는 것이 아니라 발을 잘 쓰지 않으니 오히려 주변 사람의 시중을 받으며 살아가야 하는 위치에 있게 된다. 그만큼 여유 있는 환경을 상징하는 것이 전족이었다. 펄 벅의 소설 『대지』를 읽어 보면, 주인공의 아내 오란이 전족을 하지 못해 커진 자신의 발을 슬프게 바라보는 장면이 나온다. 그리고 돈을 많이 번 남편은 나중에 전족을 한 첩을 두게 된다. 그 시절 중국에서는 발이 지금보다 더 많은 의미를 갖고 있었던 것으로 보인다.

혹시 발에 굳은살이 생겼는데도 그저 맨 아래 있다는 이유로 그러려니 하고 넘어가고 있지는 않았는가. 어깨가 피곤할 때에는 두드려 주고 안마를 해 주는 반면, 발에게는 아무것도 해 준 게 없지는 않았는가. 발은 여름을 제외하고는 오늘도 하루 종일 양말과 신발 속에 갇혀서 우리를 이곳저곳으로 이동시켜 주기 위해 애쓰고 있다. 오늘 발은 나를 어디에 데리고 갔었는가. 수고한 나의 발에게 칭찬 한마디를 해 주자.

🍰 마음 살펴보기

• 오늘 발이 나를 데리고 간 곳은 어디였는가?

➜ _____

• 발이 나를 데리고 가 본 곳 중에 가장 기억에 남는 장소는 어디였는가?

➜ _____

• 그곳에서 나는 누구와 함께 무엇을 하고 있었는가?

➜ _____

• 나는 그곳에서 어떤 기억을 만들고, 어떤 대화를 나누었는가?

➜ _____

• 그때의 기억은 지금의 나에게도 여전히 좋은 생각을 불러일으키는가?

➜ _____

• 다시 한 번 가 보고 싶은 장소는 어디인가?

➜ _____

• 발이 나를 데리고 간 곳 중에 나에게 설렘과 성취감을 준 곳은 어디였는가?

➜ _____

• 발이 나를 데리고 간 곳 중에 나의 마음을 아프게 한 곳은 어디였는가?

➜ _____

• 그곳은 어떤 아픈 기억이 살아 있는 장소인가?

➜ _____

140

- 그곳에서 나에게는 어떤 일이 있었고, 누구와 함께 있었는가?

➜ _____

- 그때의 날씨는 어떠했고, 그때의 나는 어떤 생각을 가지고 있었는가?

➜ _____

- 그때의 나는 몇 살이었는가?

➜ _____

- 몸은 비록 다른 곳에 있으면서도 여전히 벗어나지 못하는 장소가 있는가?

➜ _____

- 떠올리기만 해도 마음이 아픈 장소가 있는가?

➜ _____

- 구두나 하이힐을 즐겨 신는가?

➜ _____

20 나의 강점과 약점 알아보기

⏰ 예상 소요시간: 50분

활동 1

✏️ 내가 생각하는 나의 강점은 무엇인가? 나는 스스로 어떤 부분이 뛰어나다고 생각하는가?

✏️ 성격, 행동, 말투, 능력, 습관 등 어떤 것이라도 좋다. 내가 잘하고 누군가에게 도움이 되었던 나의 강점 4가지를 떠올려 보자.

✏️ 내가 생각한 나의 강점 4가지를 어항 안에 적어 보자. 그리고 나의 강점에 대해 느끼는 감정에 따라 각 어항에 담긴 물고기와 물의 색을 칠해 보도록 하자.

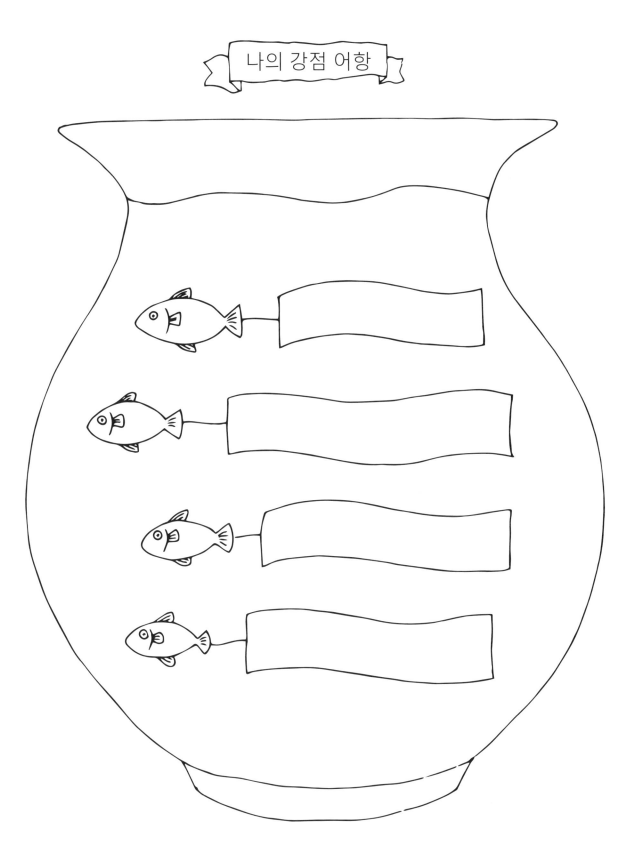

나의 강점 어항

활동 2

✐ 내가 생각하는 나의 약점은 무엇인가? 나는 어떤 부분이 취약하다고 생각하는가?

✐ 성격, 행동, 말투, 능력, 습관 등 어떤 것이라도 좋다. 내가 못하고 누군가에게 피해가 되었던 나의 약점 4가지를 떠올려 보자.

✐ 내가 생각한 나의 약점 4가지를 어항 안에 적어 보자. 그리고 나의 약점에 대해 느끼는 감정에 따라 각 어항에 담긴 물고기와 물의 색을 칠해 보도록 하자.

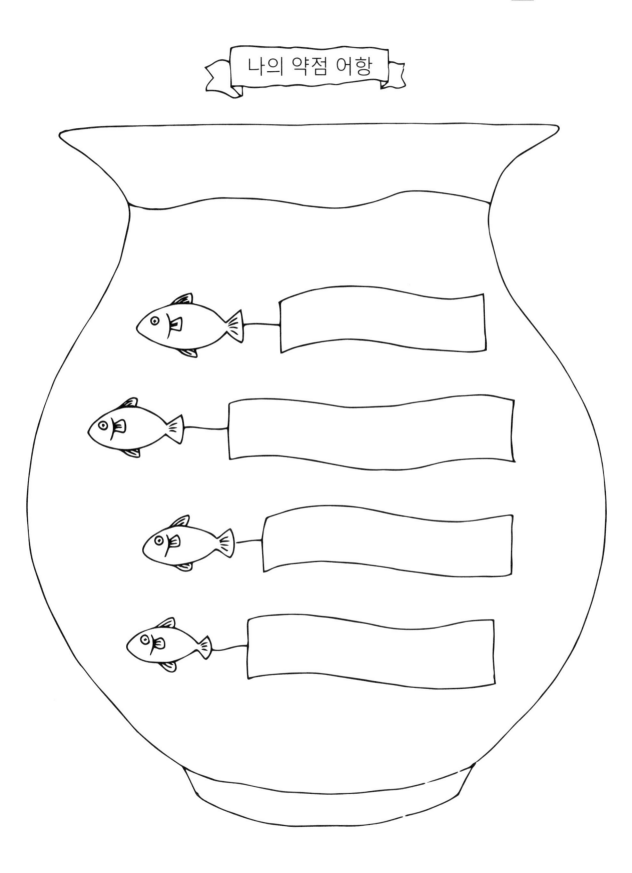

나의 약점 어항

😊 자신이 적은 강점과 약점을 살펴보고, 그중에서도 특별히 중요하거나 스스로에게 큰 영향을 미치고 있는 요소라고 생각하는 것들에 동그라미를 쳐 보자. 약점 리스트를 살펴보자. 이 약점들이 반드시 나에게 약점이 되는 요소일까? 약점 리스트 중에도 자신의 강점으로 전환할 수 있는 요소가 있을 수 있다. 자신이 가진 약점 중 어떤 것이 강점으로 전환될 가능성이 있고, 강점으로의 전환을 위해서는 스스로 무엇을 해야 할지에 대해 적어 내가 가진 자산들을 더 잘 활용할 수 있는 방법을 생각해 보자. 누군가에게는 강점의 리스트에 적힌 것이 누군가에게는 약점의 리스트에 있기도 하며, 강점과 약점에 같은 요소를 적은 사람들도 많다는 것은 매우 흥미로운 일이다.

많은 사람이 자신의 강점과 약점에 대해 질문을 받으면 바로 대답을 하지 못한다. 그렇기 때문에 자신의 강점과 약점을 적어 나가는 과정에 생각보다 많은 시간이 걸릴 수도 있다. 스스로의 강점 및 약점에 대해 생각해 보고 이것들을 누군가에게 설명하거나, 이를 탐색하고 발전시키기 위한 시간을 보낸 적이 거의 없기 때문이다. 자신의 강점과 약점을 구분하고 리스트를 작성하는 작업은 '내가 할 수 없는 것'을 생각하기보다는 '내가 할 수 있는 것'에 더 집중하고 에너지를 쓸 수 있도록 생각을 전환시켜 줄 것이다.

'나의 강점과 약점 어항 프로그램'에 참여했던 50대의 한 이혼 남성이 있었다. 그는 오랜 우울증을 겪고 있었고, 상담소에서도 늘 무기력한 모습을 보이고 있었다. 상담할 때를 제외하고는 집에서 거의 나오지 않았지만, 그렇다고 집을 매우 좋아하는 것도 아니었다. 그는 지금 살고 있는 집이 본인 소유의 집이 아니라는 것에 대해서도 늘 불만이 많았다. 외롭고, 따분하고, 좌절스러운 시간이 지속되었고, 스스로를 패배자라고 생각하며 그는 오랜 시간을 살아가고 있었다.

그는 한때 남부럽지 않은 직장에 다녔지만, 회사에서 퇴출된 지금은 아무것도 할 수 있는 게 없고 자신에게는 그 어떤 긍정적인 능력이나 특징이 없다고 설명하였다. 그는 많은 약점 리스트를 적은 후, 강점 리스트 앞에서 오랜 시간 고민했다. 긴 고민 후 그가 처음 이야기한 것은 비록 자신이 경제적으로 어려웠지만 딸에게는 참 좋은 아버지였다는 것이다. 자신의 딸이 따뜻하고 건강한 아이로 성장할 수 있도록 하였기에 아버지로서는 성공적 삶이었다고 회상하였다. 또한 직장에 있는 동안에는 능력을 인정받으며 근면 성실하게 조직에 임했었다. 어떤 작은 선택을 하는 데 있어서도 주저함이 없는 편이라 흐지부지하게 일을 끝마치는 일이 별로 없었으며, 성격이 예민한 만큼 주변인에게도 예의바르게 행동했었다고 한다. 그는 자신의 강점을 한 개씩 적어 나가면서 자신이 생각보다 많은 강점을 가지고 있다는 것에 대해 놀라워했다. 몇 달간의 자존감 회복 프로그램의 참여 후에, 그는 회사에서 잘린 이혼남이라는 수식을 뒤로 하고 제2의 인생을 살기 위해 새로운 직업을 알아보는 프로그램에 참여할 수 있었다.

스스로가 생각하는 장점과 단점은 고정적이지 않고 유동적이다. 자신의 장단점을 체크해 봄으로써 계속해서 변화해 가는 나의 모습을 관찰하는 것도 매우 흥미로운 일이 될 것이다.

마음 살펴보기

• 나는 강점과 약점 리스트에 '성격적' 측면과 '능력적' 측면 중 어떤 면에 더 치중해서 적었는가?

➜ _____

• 내가 생각하는 나의 강점 중 나의 강점 리스트에 계속 있기를 바라는 것 하나를 선택한다면?

➜ _____

• 그 이유는 무엇인가?

➜ _____

• 나의 강점 중 남들에게 도움이 되는 것은 무엇인가?

➜ _____

• 나의 강점 중 태어날 때부터 가지고 있었던 것은 무엇인가?

➜ _____

• 나의 강점 중 나 스스로 만들어 낸 것은 무엇인가?

➜ _____

• 나의 강점 중 나에게 가장 이득이 되고 있는 것은 무엇인가?

➜ _____

• 나의 약점 중 가장 버리고 싶은 것은 무엇인가?

➜ _____

• 나의 약점 중 남들에게는 강점으로 작용될 수 있는 것은 무엇인가?

➜ _____

• 나의 약점 중 태어날 때부터 가지고 있었던 것은 무엇인가?

→ _____

• 나의 약점 중 환경에 의해 만들어진 것은 무엇인가?

→ _____

• 나의 강점과 약점은 누군가에 의해 선택되어진 것인가 아니면 내가 적극적으로 선택한 것인가?

→ _____

㉑ 찰칵, 이 순간 저장하기

🕐 예상 소요시간: 55분

활동 1

🖋 나의 삶에서 중요했던 여러 개의 이벤트들을 생각해 보자. 좋았던 사건들도 있고, 나빴던 사건들도 있을 것이다. 또한 강렬했던 사건들도 있었으며, 자연스럽게 흘러 지나간 사건들도 있을 것이다.

🖋 내 인생에서 기억에 남는 명장면은 무엇인가? 네 가지를 선택해 보자.

🖋 내가 이 네 장면을 내 인생의 명장면으로 선택한 이유는 무엇인가?

🖋 나는 그때 누구와 함께 있었고, 무엇을 하고 있었는가? 그때의 장소, 소리, 향기, 생각, 느낌, 기억을 강력하게 떠올려 보자.

🖋 내가 생각하는 내 인생의 베스트 컷 4개를 골라 그림으로 표현해 보도록 하자.

활동 2

✏ 선택한 4개의 사건 중 나에게 가장 강렬한 기억은 무엇인가?

✏ 몇 년도에 일어난 사건이며, 그때 내가 가장 강렬하게 느낀 감정은 무엇이었는가?

✏ 이 사건은 나의 생활태도, 가치관에 어떤 변화를 주었는가?

✏ 선택한 네 개의 사건 중 나에게 가장 강렬한 기억으로 남은 사건 하나를 골라 그때의 이야기를 6컷 만화로 구성해 보자.

지나간 시간 속에서 내가 가장 빛나던 순간은 언제였는가? 나는 나의 인생 중 어떤 순간을 가장 찬란하게 기억하고 있는가?

각자의 인생에서 좋았던 순간에 대한 기준과 기억은 모두 다르지만, 누구에게나 반짝이던 순간이 있었다. 그 순간은 아주 먼 옛날의 이야기가 될 수도 있고 또는 얼마 전의 이야기가 될 수도 있다. 혹시 운이 좋다면 바로 지금이 나의 가장 빛나는 순간이 될 수도 있다. 가끔 누군가에게 '당신이 가장 빛나는 시기는 언제였나요?'라고 물었을 때 '지금이요.'라고 대답하는 사람들이 있다. 적극적으로 삶을 이끌어 가고 긍정적 에너지가 상승하는 바로 현재인 것이다. 하지만 살아가다 보면 인생이 언제나 좋은 시간으로 가득 차기란 어렵다. 좋은 일이 있다가도 시간이 지나면 힘든 시간도 찾아오고, 언젠가는 슬럼프도 찾아올 수 있다. 그때, 나의 빛났던 순간은 힘을 발휘하기 시작한다.

사람들이 '나의 좋았던 순간'으로 선택하는 시간은 주로 인생의 큰 사건이 일어났던 때이다. 전반적으로 자존감이 높고 행복하게 살았던 시간이 분명 있었겠지만 그것은 어떠한 순간이 아닌 '좋았던 시기'라고 인식되기에 대부분의 사람들이 이 프로그램에서는 특별한 '사건'들을 기억하고 그려 내는 것을 볼 수 있었다. 많은 사람이 대학 합격자 발표를 알게 되었던 순간 혹은 대학에 처음 신입생으로 등교하던 순간을 그려 냈다. 신입생이 되는 순간이 성인이 되는 첫걸음이자 새로운 시간 속에 한 걸음 크게 디디는 시기라고 생각했기 때문일 것이다. 새로운 사람들과 새로운 공부 그리고 새로운 장소, 이 모든 것이 유쾌한 기억으로 남았을 것이다. 게다가 그때는 가장 빛나는 나이인 20대 초반이니 말이다.

어떤 사람들은 사랑의 기억을 그려 냈다. 첫사랑을 만났던 순간, 사랑에 빠지던 순간, 연인이 되기로 약속한 순간, 둘만의 특별한 기념일, 특별한 데이트 장소 등 특별한 사랑의 이야기를 그려 냈다. 프랑스의 작가 에릭 오르세나는 저서『오래오래』에서 자신들의 사랑에 영원성을 부여하고 이를 전설로 만들고자 하는 연인의 이야기를 다룬다. 비록 불륜이었지만 아이를 낳아 그 아이가 자신들의 이야기를 전설적인 사랑 이야기로 소설을 써 주기를 바란 것이다. 나의 사랑 이야기에도 특별한 전설처럼 기억되는 장면이 있는가? 누군가로 인해 내가 더 특별하고 빛났던 순간이 있는가? 사랑은 결혼이라는 약속의 형태로 맺어지기도 한다. 프로그램에 참여했던 몇몇은 가장 좋았던 순간에 자신의 결혼식의 모습을 그려 냈다. 결혼은 누군가의 아이였던 내가, 누군가의 배우자가 되는 새롭고 감격스러운 순간이다.

사회에 발을 내딛은 사람들은 자신의 사회적 성취에 관한 기억도 그려 냈다. 주로 등장했던 장면은 면접에 통과하여 처음으로 취업이 되던 순간, 준비했던 시험에서 좋은 성적을 거두었던 순간, 준비했던 프로젝트가 통과되었던 순간, 열심히 공부했던 자격증을 취득하던 순간, 처음으로 내 사업을 열었던 순간 등이다. 성인으로서 나의 성공경험, 그리고 주변으로부터의 인정이 나의 자존감을 북돋아 주었던 시간들. 이젠 앞으로 나아갈 일만 남은 것 같고, 이대로라면 나의 모든 꿈을 이룰 것 같이 두근대던 순간들이 있었다.

아이가 있는 사람들은 아이와의 만남을 그려 내기도 한다. 세상에서 그 누구와도 바꿀 수 없는 소중한 존재와 처음 만나던 순간. 내가 가진 모든 것을 주어도 아깝지 않은 그런 아이와 처음 눈이 마주치며 앞으로 함께 행복하게 살 미래를 그려 보던 그런 순간이다. 모두의 축복 속에서 태어난 이 아이와의 특별한 만남은 그 어떤 순간보다 더 반짝이는 기억이었을 것이다.

나도 무언가 잘했던 시간이 있고, 나도 사랑을 듬뿍 받던 시간이 분명 있었다. 새로운 출발에 두근대었고, 앞으로의 미래가 구름처럼 가득 마음속에 떠다니던 시간이 있었다. 그러나 삶이 지치고 고단해지면서 그때의 기억들은 점점 퇴색되어 가고 만다. 그때의 기억이 지금의 나에게는 무의미하게 느껴지기 때문이다. 좋았던 기억들은 힘든 지금의 나에게는 멀게만 느껴진다. 그렇지만 지금의 내가 있는 이유는 바로 이전에 찬란하고 반짝였던 과거의 내가 존재했기 때문이다. 지금의 나는 예전의 내가 가지고 있던 긍정적인 에너지가 얼마나 대단한 가치를 가지고 있는지 잊고 살아가고 있다.

미국의 전설적인 투수 존 스몰츠 선수는 깊은 슬럼프에 빠질 때마다 자신이 퍼펙트(야구에서 투수가 주자를 한 사람도 내보내지 않고 무안타, 무사사구, 무실책으로 승리한 게임)로 공을 던진 경기들로 2분짜리 동영상을 만들었고, 그 동영상을 수없이 많이 돌려 보았다고 설명했다. 자신이 잘 했던 시간을 곱씹으며 슬럼프를 극복해 간 것이다. 미술작가들 역시 그림을 그리며 슬럼프를 겪을 때 최고로 좋았던 시기의 작품들을 쭉 나열해 놓고 감상하는 것은 흔한 일이다.

연인과의 관계가 지치고 힘들 때 혹은 무료하고 권태스러운 기분이 들 때, 다시 한 번 처음 데이트 했던 곳을 방문해 보는 것은 어떨까? 처음 만나던 순간처럼 서로를 이해하고 배려하는 편지를 써 보는 것은 어떨까? 부부 사이에 점점 대화가 소홀해지고 있다면, 결혼식 날의 동영상을 함께 보고 신혼여행지의 사진을 다시 찾아보는 것은 어떨까?

공부가 힘들거나, 일이 힘들 때, 지금 슬럼프라는 생각이 들 때 내가 과거에 슬럼프를 어떻게 극복해 왔었는지를 떠올려 보자. 실패나 슬럼프는 나에게 처음 있는 일이 아니다. 나는 어릴 때 두 발로 걷기 위해, 말을 배우기 위해 넘어지고 또 넘어져 왔다. 그래서 지금 이렇게 잘 뛰기도 하고, 유창하게 한글을 구사할 수 있게 되었다. 혼자서 밥을 먹고, 옷을 입고, 숙제를 하고, 중간고사를 보는 모든 것이 나에게는 도전이었다. 어른이 된 지금, 이제 나에게 또 하나의 견뎌야 할 시기가 생겼을 뿐이다. 그렇기 때문에 나는 이번에도 잘 해낼 수 있다. 나는 나의 노력으로 충분히 상황을 바꾸고 더 인정받을 수 있는 사람이 될 수 있는 능력을 가진 사람이기 때문이다.

가끔씩 힘든 일을 겪을 때, 오히려 과거의 좋지 않았던 기억들을 줄줄이 끄집어내서 지금의 상황에서 더 좋지 않은 상황으로 빠져드는 사람들이 있다. 그렇게 되면 앞으로 나아가기는커녕, 과거에 묶여 더 퇴보할 수밖에 없다. 그럴 때에는 '역시 나는 이럴 줄 알았어.' '되는 것이 하나도 없네.'라는 생각과 함께 스스로를 무가치하게 만드는 감점사고에 빠져들게 된다.

우리는 과거의 기억을 현명하게 사용해야 한다. 과거의 기억 속에서 나에게 힘을 주는 장면들을 생생하게 떠올려 이를 적극 활용해야 한다. 더 과장시켜도, 더 미화시켜도 좋다. 과거의 기억 속에서 나는 영화 속의 영웅이 될 수도, 천재적인 아이가 될 수도, 아름다운 로맨스의 주인공이 될 수도 있다. 과거의 나는 내 인생의 무게를 어깨에 짊어지고 헤쳐 나갔던 멋지고 고마운 사람이라는 것을 잊지 말자.

좋았던 순간들은 단순하게 나의 자랑스러움과 자부심을 채워 주기 위한 기억들이 아니다. 차곡차곡 잘 저축하고 있으면 나의 에너지가 바닥나 버렸을 때 마법처럼 사용할 수 있는 기적의 치료제와 같은 것이다. 살면서 한 번도 위기를 겪지 않는 사람은 없다. 그리고 그 위기의 순간에 나의 좋았던 순간들을 떠올려 보자. 내가 얼마나 잘해 왔고, 얼마나 사랑스러우며, 얼마나 강한 존재인지 잊지 말자. 나는 어려울 때마다 언제나처럼 현명하게 잘 극복해 나갈 수 있는 힘이 있는 사람이다.

마음 살펴보기

- 나의 좋았던 순간 중 가장 오래된 기억은 언제인가?

➜ _____

- 내가 나의 기억들 중 이 기억을 선택한 이유는 무엇인가?

➜ _____

- 나의 좋았던 순간에 나는 누구와 함께 있었는가? 첫 번째, 두 번째, 세 번째, 네 번째를 순차적으로 떠올려 보자.

➜ _____

- 그 순간, 날씨는 어떠했는가?

➜ _____

- 그 순간, 나는 어떤 옷을 입고 있었는가?

➜ _____

- 그 순간, 나는 어떤 공간에 있었는가?

➜ _____

- 그 순간, 나는 몇 살이었는가?

➜ _____

- 그 순간, 나의 꿈은 무엇이었는가?

➜ _____

- 그 순간, 나에게 가장 소중한 것은 무엇이었는가? 지금과 어떻게 다른가?

➜ _____

158

• 나에게 가장 영광스러운 기억으로 남는 것은 네 가지 중 어떤 순간인가?

➜ _____

• 그 이유는 무엇인가?

➜ _____

• 현재의 내가 힘들 때 꺼내 쓸 수 있는, 나에게 힘을 주는 순간은 언제인가?

➜ _____

• 현재의 나에게 가장 많은 영향을 주는 순간은 언제인가?

➜ _____

160

㉒ 소원카드 쓰기

🕐 예상 소요시간: 40분

✎ 매년 새해가 되면 사람들은 1년간 이루고 싶은 소원을 빌곤 한다. 올해 1월에 나는 어떤 소원을 빌었는가?

✎ 그중 이루어진 소원이 있는가?

✎ 아직 이루어지지 않은 소원을 위해 나는 어떤 노력을 하고 있는가?

✎ 여기에 소원을 적는 소원카드가 있다. 이 소원카드에는 장대한 이야기가 아닌 아주 소소한 이야기라도 모두 적어 넣을 수가 있다. 과거에 소원카드를 적어 본 경험이 있는가? 그때 나는 어떤 이야기들을 소원카드에 담았었는가?

✎ 이곳에 있는 소원카드는 그 어떤 소원카드보다 더 강력한 힘이 있는 마법의 카드이다. 나는 이 소원카드에 어떤 소원을 담고 싶은가? 소원을 적은 후 나무의 기둥도 예쁘게 칠해 주자. 더 꾸며 주고 싶은 것이 있다면 주변에 추가로 그려 주어도 좋다.

162

✏ 세 가지 소원 중 가장 강력하게 소망하는 소원은 어떤 것인가?

✏ 이 소원이 특별히 나에게 중요한 의미를 가지는 이유는 무엇인가?

✏ 이 소원은 내가 언제부터 가져왔던 소망인가?

✏ 이 소원이 이루어진다면 가장 먼저 드는 감정은 어떤 것일까?

✏ 가장 강력한 소원을 하나 선택한 후 그 소원이 이루어진 모습을 그려 보자.

😊 많은 행동주의 연구에서 자신의 소원을 시각화하여 표현하는 것은 실제로 그 목표에 다가가고 이룰 확률을 높여 준다는 결과를 발표한 바 있다. 언어에는 창조적인 힘이 있고, 시각화된 언어는 더욱 더 큰 힘을 발휘하기 때문이다.

예로부터 '말이 씨가 된다.'라는 속담이 있다. 말에는 생명력이 있고, 그 생명의 씨앗이 자라면서 더욱 영향력이 커진다는 의미를 내포하는 문장이다. 몇 년 전 MBC 아나운서실에서 말의 힘에 대한 실험을 한 적이 있었다. 두 개의 병에 밥을 담고, 하나의 병에는 '고마워'라고 써 붙이고 아침저녁으로 읽어 주고, 또 하나의 병에는 '짜증나'라고 써 붙인 후 아침저녁으로 읽어 주었다. 놀랍게도 이 과정을 보름간 겪은 '고마워' 밥은 노랗게 발효되어 누룩이 되어 있었고, '짜증나' 밥은 곰팡이가 슬어 있었다. 화초에게 더 좋은 말을 해 주었을 때 건강해졌다는 실험은 이미 너무나도 유명하다. 말에는 기가 있고, 이 기 속에는 생명력이 살아 숨쉰다는 증거이다.

그렇기 때문에 내가 바라는 소망, 목표, 꿈을 언어화하고 시각화하는 과정은 매우 설득력 있는 효과를 가진다. 공부하는 사람들이 '합격'이라는 단어를 테이블 위에 써 붙이고 공부하는 것도, 다이어트를 하고 있는 많은 사람이 목표로 하는 몸매나 목표 체중을 냉장고에 써 붙여 놓는 것도 같은 맥락에서 해석될 수 있다. 자신이 바라는 것을 시각화하는 과정은 강력한 소망의 씨앗에 생명력을 불어넣는 과정이기 때문이다.

사회학자인 머턴은 '자신이 이루고자 하는 꿈을 현재 진행형으로 언어화하여 마음속에서 반복하여 심으면 그 꿈은 반드시 이루어진다.'고 말하였다. 생생하게 꿈꾸는 것의 중요성에 대해서는 세계적인 부자 빌게이츠도 강조한 바 있다. 빌게이츠는 '나는 할 수 있다.'는 말을 스스로에게 매일 되새겼고, '나는 나의 노력과 함께 반드시 성공할 것이다.'는 계획을 구체적인 목표와 함께 스스로에게 말해 주었다고 한다.

긍정적 자기대화 이론을 발전시킨 헴트테터 박사는 '긍정적 자기대화는 그 사람의 하루를 변화시킬 뿐 아니라 인생 전체를 변화시킬 수 있는 힘을 가지고 있다'고 말하였다. 긍정적 자기대화란 생생한 목표를 스스로에게 전해 주는 구체적이고 명확한 자기암시법을 의미한다. 인간의 사고와 행동이 사용하는 언어와 밀접한 관련이 있으며, 특히 자신에게 건네는 언어는 운명을 바꿀 만큼의 강력한 힘이 있다는 전제를 가지고 있는 자기대화 기법이다.

'긍정적 자기대화'는 단순한 긍정적 생각과는 다른 것이다. 긍정적 자기대화는 나의 뇌 전체를 감싸고 관리하는 강력한 대화양상이기 때문이다. 그저 세상을 무턱대고 긍정적으로 바라보는 긍정적 생각과는 다르다. 긍정적 자기대화는 내비게이터로 조절이 되는 항공 운행이라고 생각하면 된다. 내비게이터에 어떠한 방향성을 입력시켜 주면 비행기는 그 입력된 방향으로 운행을 시작한다. 방향, 코스, 고도, 속도 등 모든 정보를 비행기에 있는 시스템에 입력을 하면 비행기는 안전하게 떠올라 원하는 곳에 착지한다. 이것은 비행기가 어떠한 목적지에 도착하도록 구체적인 프로그램 지시사항이 입력되었기 때문이다. 긍정적 생각, 그 자체도 물론 좋은 것이다. 그리고 긍정적 생각은 세상을 밝고 건강한 시각으로 바라보게 도와준다. 하지만 비행기의 내비게이터와 같이 내가 어디를 가야 하는지, 어떤 단계를 밟을지, 그 단계마다 필요한 행동과 생각들, 그 행동을 하기 위한 동기부여 그리고 안전하게 목표한 시간을 설정해야만 정확하게 그 목적에 도달할 수 있다.

긍정적으로 생각을 훈련하는 사람들은 좌측 전두엽 피질의 뉴런이 새롭게 생성되어 어떤 문제 상황에서 대안적인 해결방법을 더 쉽게 찾아낸다고 한다. 더 나은 선택을 하고 더 성공할 수 있는 기회가 더 생기는 것이다. 부정적 생각을 자주 하는 사람들은 우측 전두엽 피질의 뉴런의 성장이 억제되어 성공과 연결 가능한 아이디어나 기회들을 놓쳐 버리게 된다. 부정적 생각으로 가득 찬 뇌는 어떤 문제를 해결하는 생각이 나오기도 전에 불편하고 불안한 긴장상황과 계속 싸워야 하기 때문이다.

우리는 어떤 목표를 달성하고, 성취하고, 성공하기 위해 태어났다. 이는 모두에게 해당된다. 누구 하나 예외 없이 말이다. 마치 꽃이 들판에 피도록 생겨났고, 새가 하늘을 날도록 되어 있는 것처럼 우리는 태어날 때부터 뛰어나고 특별한 사람이 되도록 설계되어 있었다. 누군가는 성공하고, 누군가는 실패하도록 정해져서 태어난 것은 결코 아니라는 것이다. 우리 모두 성장하고, 배우고, 도전하고, 난관을 극복하고, 더 강해지고, 더 나아가도록 처음부터 설계되어 있었다. 그렇기에 이미 주어진 성공의 가능성을 바탕으로 긍정적 자기대화를 통해 그 실체에 구체적으로 다가가는 것뿐이다.

미켈란젤로는 "최고의 예술가는 대리석의 내부에 잠들어 있는 존재를 볼 수 있다. 조각가의 손은 돌 안에 갖고 있는 형상을 자유롭게 풀어 주기 위해 돌을 깨뜨리고 그를 깨운다."고 설명하였다. 우리 역시 마찬가지이다. 우리 안에 태어날 때부터 존재하는 성장 가능성과 성공의 모습을 우리는 긍정적 자기대화의 형상으로 더 구체화시키고 명확히하여 그 실제에 다가가야한다. 생생하고 구체적으로 그리고 목표에 가깝게 언어화하고 설명하는 것. 이를 통해 나의 실제 행동력이 상승하고, 더 좋은 결과를 보여 줄 수 있다는 것은 사이클 선수들의 실험을 통해 증명된 바 있다. 2주간 끊임없이 규칙적으로 긍정적 자기대화를 시도한 선수들은 2주 전보다 18%의 지구력이 상승했다. 지구력이 2% 상승한 것만으로도 프로 선수들에게는 엄청난 차이를 가져온다. 따라서 이 18%는 게임 결과 전체를 바꿀 수 있는 수치였다.

내가 소망하고자 하는 구체적인 대상을 떠올려 보자. 내가 변화하고자 하는, 내가 향상시키고 싶어 하는 내 삶의 특정 부분을 떠올려 보자. 그다음 그 분야에 관한 긍정적 자기대화를 2〜3주간 반복해 보자. 자기대화는 머릿속에 떠오르는 대로 말하는 것도 좋지만, 종이에 써 놓고, 큰 소리로 내 귀에 들리도록 읽는 것이 더 효과적이다. 자기대화를 말하거나 읽을 때는 최고의 집중력을 발휘해 보자. 그리고 그 대상이 실제로 나에게 실현화될 것이라는 확고한 믿음의 태도로 대하자. 내가 소망하는 바를 이루고자 하는 긍정적 자기대화는 나의 믿음, 태도, 감정, 행동 그리고 결과까지 바꾸는 힘을 보여 줄 것이다.

제대로 된 자기대화는 긍정적이기만 한 것이 아니라 실질적이다. 세상을 그저 밝게 바라보는 것뿐만이 아니라 구체적으로, 실질적으로, 명확하고 생생하게 바라보는 것이며, 어떤 도전이 있다면 무시하거나 회피하지 않고 직면하도록 할 것이다. 현실에서 내가 조절할 수 있고 통제할 수 있는 부분을 찾아내어 그것에서 변화를 주는 것이다.

다음은 헴트테터 박사가 제시한 긍정적 자기대화의 예시 중 일부이다. 나의 소망을 이루기 위한 나만의 긍정적 자기대화 리스트를 적어 보고 이를 반복해서 나에게 말해 보는 것은 어떨까?

● 예시 1: 나는 다양한 면에서 매력적인 사람입니다. 다른 사람들이 나를 좋아하도록 할 수 있고, 다른 사람들이 나에게 집중하도록 할 수도 있습니다. 사람들이 나와 친구가 된다면, 나는 그들의 친구 중 그들이 좋아하는 상위권의 사람이 될 것입니다. 사람들은 나의 가치와 신념을 좋아합니다. 나는 모든 분야에서 매력적입니다.

● 예시 2: 나는 걱정하기를 거절합니다. 나는 좋지 않은 순간을 붙잡고 있지 않을 것이고, 오늘 어떤 문제가 생긴다면 직면하고 해결한 후 흘려보낼 것입니다. 나는 여기 살아 있고, 예민하게 깨어 있습니다. 나는 나에게 불필요한 걱정은 뒤로 한 채, 모든 면에서 성공적인 하루를 시작할 준비가 되어 있습니다.

● 예시 3: 나는 다른 사람들이 나를 의심하거나, 비난하거나, 비전 없는 사람으로 보도록 하지 않을 것입니다. 나는 나만의 길을 가고 있다는 확신이 있고, 나 스스로의 능력에 대한 믿음이 있으며, 나의 성장 가능성을 신뢰합니다. 그리고 오늘 하루를 최고로 좋은 하루로 만들 것입니다.

마음 살펴보기

- 내가 적은 소원은 현실적인 욕망인가, 추상적인 소망인가?

➜ _____

- 그 소원을 이루기 위해서는 어떤 변화가 필요한가?

➜ _____

- 그 소원을 이루기 위해서 지금 내가 포기해야 하는 것은 무엇인가?

➜ _____

- 그 소원을 이루기 위해서 걸어야 하는 리스크가 얼마나 큰가?

➜ _____

- 나의 소원은 명확하고 구체적으로 적혀 있는가?

➜ _____

- 내가 세 가지 소원을 이루고 싶은 절실한 이유는 무엇인가?

➜ _____

- 나 스스로 나의 소원이 이루어지지 않을 것이라는 생각을 자주 하지는 않는가?

➜ _____

- 나의 소원을 이루기 위해서는 운이 필요한가?

➜ _____

- 나의 소원을 이루고 싶은 구체적인 이유는 무엇인가?

➜ _____

168

- 나의 소원이 이루어진다면 지금의 나와 그때의 나는 어떻게 달라지겠는가?

➜ _____

- 소원을 현실로 만들기 위해 내가 할 수 있는 일 3가지를 생각해 보자.

➜ _____

- 소원을 현실로 만들기 위해 당장 오늘 할 수 있는 일은 무엇인가?

➜ _____

㉓ 세 가지 항아리 채우기

🕐 예상 소요시간: 45분

✏ 살아오면서 내가 꼭 지키고 싶고 나에게 의미 있는 소중한 것들은 무엇인가? 최대한 많이 떠올려 보자.

✏ 살아가면서 나에게 꼭 필요한 것들은 무엇인가? 최대한 많이 떠올려 보자.

✏ 나에게 지금 존재하지만 더 이상 필요 없다고 생각하는 것들은 무엇인가? 최대한 많이 떠올려 보자.

✏ 여기 세 가지 항아리가 있다. 각 항아리는 나에게 소중한 것, 나에게 필요한 것, 나에게 필요 없는 것을 담을 수 있다. 세 가지의 항아리에 해당하는 요소들을 마음대로 담아 보자.

✏ 각 항아리에 색과 패턴을 이용해 꾸며 보도록 하자.

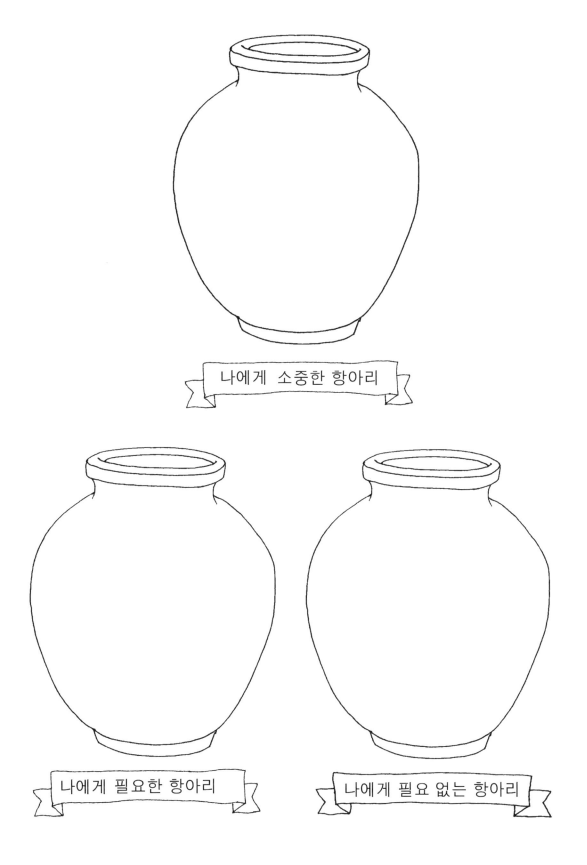

나에게 소중한 항아리

나에게 필요한 항아리

나에게 필요 없는 항아리

나에게 필요한 것과 필요 없는 것을 구분하는 작업은 진정한 나의 욕구를 파악하고 탐색해 볼 수 있는 아주 중요한 작업이다. 특히 사람들은 자신이 '하고 싶은' 것과 '해야 하는' 것을 쉽게 구분하지 못한다. 부모님의 기대로 인해 안정적인 직업을 가지는 것은 자신이 하고 싶은 일을 하는 것이 아니다. 그것은 부모님의 기대에 부응하고 싶은 자신이 해야 하는 일이다. 이처럼 내가 하고 있는 일이 나의 욕구의 기반이 된 것이 아닌, 타인의 기대감을 기반으로 하는 경우가 많이 있다.

우리는 사회에 종속되어 살아가는 사람들이기 때문에 타인의 기대감이 나에게 반영되는 것은 어쩔 수 없는 일이기도 하다. 그러나 지금 내가 하고 있는 일과 행동이 내가 원해서 하는 것인지, 나의 사회적 관계와 목적을 위해서 하는 것인지가 구별되지 않는다면 남이 기대한 나의 모습을 나의 욕구라고 착각하고 살아가는 실수를 범하기도 한다.

내게 필요하지 않은 것을 알아내는 작업이 중요한 이유는, 내가 버려야 할 대상을 버리지 않은 것이 내가 설정한 목표를 달성하는 데 발목을 붙잡기도 하기 때문이다. 타성에 젖은 마음은 새롭게 변화해야 하는 순간을 가로막고, 과거의 미련은 내 앞에 나타난 새로운 사람을 받아들이지 못하게 한다. 열정이라 생각했던 일에 대한 강박과 부담감이 나의 건강을 상하게 할 수도 있고, 책임감이라고 생각했던 가족에 대한 헌신이 나를 피폐하게 만들 수도 있다. 나에게 필요 없는 것을 과감히 버릴 수 있는 용기도 현재 나에게 필요한 것 중 하나가 될 수 있다.

내게 소중한 것, 필요한 것, 필요 없는 것을 구분해 감으로써 나의 삶에 엉켜 있는 감정을 돌아보고 정리해 보는 시간을 가져 보는 것은 어떨까?

마음 살펴보기

• 내가 나의 삶에서 무슨 일이 있어도 지키고 싶은 것들은 무엇인가?

➔ _____

• 나의 보물 1호는 무엇인가?

➔ _____

• 무인도에 가게 된다면 꼭 가지고 갈 물건 3가지는 무엇인가?

➔ _____

• 무인도에 가게 될 때 함께 가고 싶은 사람은 누구인가?

➔ _____

• 그 사람을 선택한 이유는 무엇인가?

➔ _____

• 내가 꿈꾸는 미래의 목표를 위해 나에게 가장 필요한 것은 무엇인가?

➔ _____

• 나는 그것을 얻기 위해 무엇을 해야 하는가?

➔ _____

• 내가 필요한 것은 남들에게도 필요한 것인가?

➔ _____

• 나는 나의 행복을 가로막는 잘못된 생각들을 자주 하는가?

➔ _____

• 버려야 할 것들을 버리지 않는다면 앞으로 어떻게 될 것인가?

➜ _____

• 그것을 꼭 버릴 필요가 있는가?

➜ _____

• 내가 버려야 할 것들을 버린다면 앞으로 어떤 변화가 있겠는가?

➜ _____

㉔ 나를 지지하는 사람들은?

🕐 **예상 소요시간: 40분**

✏️ 내가 가지고 있는 나의 인적 자원에 대해 생각해 보자. 집단별로 나누어 생각해 볼 수도 있고(학교 사람들, 회사 사람들, 가족 등), 개인과 집단으로 나누어 생각해 볼 수도 있다(개인: 친구, 선생님, 상담선생님, 동생, 부모님 / 집단: 동아리, 학교 사람들 등).

✏️ 이 사람들은 다음 4개의 지지 집단(나를 사랑해 주는 사람, 나를 믿어 주는 사람, 나에게 도움이 되는 사람, 나의 마음을 채워 주는 사람) 중 어디에 해당하는지 확인하고 옆에 이름을 적어 보자.

✏️ 각 지지의 사람들에게 해당하는 색을 입혀 주자. 이 색을 선택한 이유는 무엇인가?

✏️ 지지의 사람들 중 서로 연관이 되거나 관련된 사람들은 누구인가? 색연필로 이 사람들을 이어서 상징적으로 연계를 시켜 보자.

나를 사랑해 주는 사람

나를 믿어 주는 사람

나

나에게 도움이 되는 사람

나의 마음을 채워주는 사람

😊 우리는 여러 사람에게 많은 도움을 받고 살아간다. 특별한 일이 아니더라도 도움을 받고, 도움을 주며, 내가 힘든 때일수록 나를 지지해 주는 주변 사람들의 역할이 더욱 중요해진다.

나에게 지지를 해 주고 나에게 긍정적인 영향을 미치는 사람들은 주변에 누가 있었는가? 네 그룹에 사람을 채우며 누구를 선택해야 할지 고민이 되었던 사람이 있는가?

'나를 지지하는 사람들은?'은 내가 어려운 일에 부딪혔을 때, 그것을 헤쳐 나갈 수 있도록 도와주는 사람들로 이루어진 인간관계도이다. 내가 힘들어할 때 다시 일어서서 나의 발전을 향해 걸음을 옮길 수 있도록 나에게 희망과 용기를 주는 사람들이다. 이 사람들은 내 주변에서 영감을 주고, 힘을 주고, 따뜻한 위로를 제공한다. 이들 덕분에 나는 안전하고, 보호받고, 심리적으로 지지받는 경험을 할 수 있다.

우리는 살아가면서 어쩔 수 없이 좌절과 상실의 순간을 겪게 된다. 이런 심리적 고통은 나에게만 해당하는 사항이 아니다. 누구나 힘든 일을 겪으며 살아가고 있다. 그러나 이런 순간에 내가 가지고 있는 지지의 사람들을 돌아보고 평가하는 것은 매우 중요하다. 상처를 받은 사람들은 상처를 치유하고 회복해 가는 과정에서 주변 사람의 도움을 거절하고 마음의 문을 닫아 버리는 경우도 많다. 그러나 나에게는 나를 지지해 주는 네 개의 그룹이 있다. 이들은 내가 삶의 괴로움으로 인해 흔들리고 있을 때 나를 붙잡아 주고 힘이 되어 줄 존재들이다. 돌부리에 걸려 넘어져 있을 때, 그들이 내미는 손을 용기 내어 잡고 다시 일어나 보자. 나도 언젠가 그들에게 손을 내밀어 줄 시간이 올 것이다.

마음 살펴보기

• 내가 적고 색을 칠한 나를 지지하는 사람들을 보자. 어떤 느낌이 드는가?

➜ _____

• 네 가지 지지의 그룹 중 나에게 가장 강해 보이는 집단과 약해 보이는 집단은 어떤 것인가?

➜ _____

• 힘이 들던 시기, 누군가의 지지를 통해 도움을 받았던 기억이 있는가? 있다면 그때의 상황을 구체적으로 떠올려 보자.

➜ _____

• 나는 그때 다른 사람의 지지가 나에게 도움이 될 것이라는 것을 예상하였는가?

➜ _____

• 나 스스로 도움을 요청한 것이었는가?

➜ _____

• 내가 힘들 때 가장 힘이 되어 주는 사람은 누구인가?

➜ _____

• 나를 사랑해 주는 사람들은 누구인가?

➜ _____

• 나의 마음을 채워 주는 사람들은 누구인가?

➜ _____

• 나에게 용기를 주는 사람은 누구인가?

➜ _____

180

- 나에게 도움을 주는 사람은 누구인가?

➜ _____

- 현재 나를 지지하는 사람들이 나에게 어떤 도움이 될지 설명해 보자.

➜ _____

힐링이 필요해

㉕ 평화로움 느끼기

🕐 예상 소요시간: 60분

활동 1

✏ 차분하고 잔잔한 음악을 틀고 눈을 감은 후 편안하게 긴장을 풀어 보자.

✏ 심호흡을 몇 번 한 후, 눈을 뜨고 음악을 들으며 네모 칸 아래 설명된 이미지들을 머릿속으로 떠올려 보자.

✏ 그 장면에 해당하는 소리, 향기, 정경 등 오감을 적극 활용하여 떠올리며 자유롭게 그려 보자. 어떤 방식으로 칠해도 무관하나 네모 칸이 모두 꽉 차게 칠한다.

째근째근 잠든 아기

산속의 계곡

봄 바람에 흩날리는 꽃잎

타오르는 듯한 일몰

보트 위에서의 휴식

비 온 후의 무지개

활동 2

✏ 앞의 단계와 같다.

✏ 소리, 향기, 정경 이 모든 것을 떠올리며 자유롭게 그려 보자. 어떤 방식으로 칠해도 무관하나 네모 칸이 모두 꽉 차게 칠한다.

해변의 한낮

구름 위를 떠다니기

공원에서의 산책

잔디 위에 비치는 햇살

소복이 쌓이는 눈

집에서의 편안한 휴식

😊 이 작업은 마음챙김과 연결될 수 있는 작업으로, 평화와 안전함의 경험을 통해 치유적 경험을 할 수 있는 프로그램이다. 마음챙김은 원래 불교적인 명상의 개념에서 출발하였지만, 지금은 '바로 이 순간'을 자각하고 온 마음을 다해 나와 자연에 집중하고 있는 마음상태를 의미하는 단어로서 일반적으로 사용되고 있다. 마음챙김은 명상의 한 줄기로, 심리치료현장에서는 한 개인이 어떠한 비판 없이 스스로와 자연에 집중할 수 있도록 돕는 방향성으로 사용되고 있다.

어떠한 판단도 배제한 채 자신의 호흡에 집중하고, 자신의 생각을 관찰하고, 자연의 심상을 떠올리는 작업을 통해 우리는 몸의 다양한 감각들을 일깨울 수 있다. 앞서 그린 12장면의 그림에 대해서도 판단은 미루어 두고, 이미지 그 자체가 이곳에 존재하도록 허락해 주자. 그 이미지가 존재 자체로 나에게 다가오는 의미는 어떤 것인가? 어떤 감정으로 나에게 다가오는가?

마음챙김에서 강조하는 삶의 방식은 한 끼의 식사를 하더라도, 그저 때가 되어 때우는 것이 아니라 간단히 먹더라도 맛을 음미하며 우아하게 먹는 것이다. 해야 할 일을 보며 스트레스를 받는 것이 아니라, 나를 믿고 맡겨진 일에 감사하고, 하나씩 해 나가는 성취감을 느끼는 것이다. 쌓인 청소거리 앞에서 한숨을 쉬는 것이 아니라, 깨끗하게 변해 가는 방을 보며 내 마음도 깨끗이 바꾸는 것이다.

마음챙김은 기존의 생각의 틀, 특히 부정적인 감정이 수반된 생각의 틀에서 벗어나서 관성적으로 하던 행위를 벗어나도록 권유하고 있다. 나를 사랑하고 내 주변을 사랑하는 방법인 것이다. 그렇기 때문에 마음챙김은 매 순간 의식의 흐름을 알아차리는 과정이다. 감정에 휘둘리지 않고 매 순간의 느낌에 집중하며, 평화로움을 느끼는 과정을 통해 모든 사람들은 행복에 도달할 수 있다는 것이 이 이론의 핵심적인 사상이다.

마음 살펴보기

- 하루 중 나에게 집중하는 시간이 얼마나 되는가?

→ _____

- 나는 어떤 음악을 좋아하는가?

→ _____

- 내가 생각을 하는 데 음악이 도움이 되는 편인가, 방해가 되는 편인가?

→ _____

- 나는 지금 어떤 자세로 앉거나 누워 있는가? 평상시의 자세 중 교정이 필요한 자세는 없는가?

→ _____

- 나는 습관적으로 반복해 온 것을 아무 비판 없이 계속해 오지는 않았는가?

→ _____

- 자는 일을 제외하고 눈을 감고 무언가를 한 적이 있는가?

→ _____

- 하루 중 바깥에서 걷는 시간은 얼마나 되는가?

→ _____

- 나는 잡념이나 공상이 많은 편인가?

→ _____

- 마음이 삶을 얼마나 변화시킬 수 있다고 생각하는가?

→ _____

• 나는 나의 선택을 능동적으로 해 왔는가?

➜ _____

• 내가 스스로 정한 나의 능력과 잠재력의 한계는 어디까지인가?

➜ _____

• 그 한계가 객관적인가? 그 이상 나의 능력과 잠재력이 펼쳐지는 것은 불가능한가?

➜ _____

26 나에게 안전한 장소는?

🕐 예상 소요시간: 45분

✏️ 지금까지 살아오면서 가장 안전하다고 생각했던 장소를 떠올려 보자. 실제로 있었던 장소를 선택해도 좋지만, 만약 지금까지 안전한 장소가 없었다고 생각한다면 가상의 장소를 선택하여도 좋다.

✏️ 눈을 감고, 내가 생각하는 '안전한 장소'에 들어가 보는 상상을 해 본다. 그곳의 날씨는 어떠하며, 그곳에서는 어떤 소리가 들려오는가? 그곳의 온도, 향기, 촉감 등 다양한 감각을 활성화하여 떠올려 보자. 그 안에 나를 불편하게 하는 요소가 있다면 편안하게 느낄 수 있는 방식으로 변환하여 준다.

✏️ 안전한 장소에 꼭 가지고 가고 싶은 것 혹은 함께 가고 싶은 사람을 떠올려 보자. 물론 빈손으로 혼자 가도 좋다.

✏️ 머릿속에 떠올린 장소를 그림으로 표현해 보자.

✏️ 그린 그림이 생각했던 것만큼 안전해 보이는가? 보다 더 안전하게 보일 수 있는 추가적인 요소들을 그려 주어도 좋다.

😊 안전한 장소 그리기는 안전감이라는 감각을 적극적으로 불러일으키는 작업으로서 불안수준이 높은 사람들에게 아주 유용한 프로그램이다. 불안한 사람들은 안전에 대한 욕구가 매우 높지만, 일상에서 자신의 안전감에 대해 생각하고 탐색하는 시간을 가지는 경우는 생각보다 적기 때문이다.

모든 사람은 안전한 장소를 필요로 한다. 도심에 사는 사람들이 한 번씩 시골에 내려가고 싶어 하는 심리도 그 때문이다. 그러나 이러한 안전한 장소들은 늘 나의 곁에 있어 주지 않는다. 반면에 상상이나 그림을 통한 안전한 장소의 체험은 시간과 공간의 제약 없이 언제나 접근가능한 공간이다.

불안수준이 높은 사람들은 자신의 안전이 아닌 불안에 더 집중하는 경향이 있다. 불안에 대해서 생각을 하고, 불안을 어떻게 없앨지, 어떻게 하면 불안이 더 높아지지 않을지에 대해서 매일같이 몰두한다. 반대로 불안이 전혀 없는 안전한 상태에 대해서는 생각조차 하지 않는 경향이 있다. 정서적으로 유약한 사람, 특히 여성의 경우, 불안과 스트레스는 과식과 폭식을 일으키는 방아쇠가 되는 경우도 많다. 극심한 스트레스가 갑자기 밀려올 때, 그 감정을 멈출 수 있는 것이 음식을 많이 먹는 것 밖에 없다고 설명하는 사람들의 경우, 불안과 같은 부정적 감정으로부터 긴장을 이완시킬 수 있는 다른 방법은 잘 알지 못한다.

안전한 장소를 그리는 미술작업은, 긴장을 완화하고 편안한 상태에 있는 자신의 정서를 시각화하여 관찰할 수 있는 경험을 제공한다. 자신의 삶에 안전함이라는 것이 존재하지 않기에 다른 방식을 통해 안전함을 찾는 사람들은 합리적이지 않은 방식으로 현실을 회피하는 아이와 같은 성향을 가지고 있다. 그래서 자신이 느끼는 안전함을 적극적으로 심상화하는 작업은 매우 중요하다. 안전함에 대한 구체적인 심상이 있다면, 불안이나 스트레스 상황에서 자신의 감정을 조절하는 데 유리할 것이며, 그 불안에 대처하기 위한 수단으로 의미 없는 행동을 하는 자동적 습관을 줄일 수 있을 것이다.

마음 살펴보기

• 내가 그린 안전한 장소는 내가 실제로 아는 장소인가, 상상의 장소인가?

➜ _____

• 안전한 장소의 날씨는 어떠한가?

➜ _____

• 이 장소에는 다른 사람들이 있는가? 있다면 누가 있는가?

➜ _____

• 내가 안전한 장소에 있다고 가정해 보자. 나의 왼쪽에는 무엇이 있는가? 나의 오른쪽에는 무엇이 있는가? 나의 발 아래에는? 나의 위에는?

➜ _____

• 이 장소에서는 어떤 소리가 주로 들려오는가?

➜ _____

• 이 장소에 어울리는 음악은 무엇이 있겠는가?

➜ _____

• 이 장소에서는 어떤 향기가 주로 나는가?

➜ _____

• 나의 안전한 장소에 있는 요소들을 하나씩 모두 적어 보자.

➜ _____

• 이 장소에 나만의 이름을 붙인다면 무엇이 좋겠는가?

➜ _____

• 안전한 장소에도 빠지지 않고 꼭 가지고 가고 싶은 물건이 있는가?

➜ _____

• 이 장소가 내게 주는 감정을 '안전함'을 제외하고 3개의 감정단어로 표현해 보자.

➜ _____

• 이 장소로 순간이동을 할 수 있는 나만의 마법 주문을 떠올려 보자. 짧고 단순할수록 좋다.

➜ _____

㉗ 스트레스 구급상자 만들기

🕐 *예상 소요시간: 40분*

활동 1

✎ 갑자기 어딘가 다쳤을 때, 우리는 구급상자에서 필요한 것을 즉시 꺼내 사용한다. 손가락이 베이면 연고를 바른 후 반창고를 붙이고, 소화가 잘되지 않을 때에는 소화제를 먹는다.

✎ 최근에 가장 스트레스를 많이 받는다고 느낀 사건은 무엇인가? 그때 나의 신체적 반응과 감정적 반응은 어떠하였는가?

✎ 나는 그때 스트레스를 어떻게 해결하여 그 상황을 넘겼는가? 나만의 스트레스 대처 방법이 있는가?

✎ 스트레스를 완화하기 위해 나에게 우선적으로 필요한 것들이 무엇인지 생각해 보자. 음악, 음식, 여행, 데이트, 잠 등 사람에 따라 다양한 것들이 될 수 있다. 나의 스트레스를 위해 즉각적으로 사용할 수 있는 것들로 구급상자 안을 가득 채워 보도록 하자.

나의 스트레스를 위한 구급상자

활동 2

✏ 최근 경험한 스트레스 중 가장 강력하게 나에게 고통을 준 스트레스를 떠올려 보자.

✏ 나의 스트레스가 가진 특징은 무엇인가?

✏ 스트레스의 온도, 크기, 촉감, 패턴, 색은 어떠한가? 나의 스트레스는 어떻게 생겼는가?

✏ 나의 스트레스의 모습을 그려 보자.

200

😀 모든 사람은 스트레스를 받으며 매일을 살아가고 있다. 가끔씩 '난 스트레스를 받지 않는 타입이야.'라고 말하는 사람도 있으나 실제로 사람이 스트레스를 전혀 받지 않고 산다는 것은 불가능한 일이다. 스트레스는 삶에 필수적으로 동반되는 것이며, 부정적인 역할만이 아닌 긍정적인 역할도 충분히 해내고 있기 때문이다. 스트레스에 대처하는 방법은 스트레스의 대상이 무엇인지, 그리고 그것을 자신이 어떻게 받아들이는지에 따라 천차만별이 된다.

스트레스를 현명하게 받아들이기 위해서는 자신이 받고 있는 스트레스의 양을 인지하고 스트레스로부터 어떤 영향을 받고 있는지를 체크하는 것이 중요하다. 자신의 스트레스에 대해 더 잘 앎으로써 스트레스에 대한 자신만의 대처 전략을 세울 수가 있게 되는 것이다.

스트레스를 받으면 다양한 몸의 반응이 온다. 먼저, 스트레스 상황에서 일어나는 몸의 반응을 살펴보자.

- 일에 실수가 많은가?
- 말하기 싫은가?
- 가슴이 답답한가?
- 화가 나는가?
- 안절부절못하는가?
- 소화가 잘되지 않는가?
- 소리를 지르고 싶은가?
- 한숨이 나오는가?
- 만사가 귀찮은가?
- 자꾸 잡념이 떠오르는가?
- 쉽게 피로감을 느끼는가?
- 온몸에 힘이 빠지는 기분이 드는가?
- 누군가를 때리고 싶은 생각이 드는가?
- 하고 있던 일에 의욕이 떨어졌는가?
- 울고 싶어지는가?
- 신경이 날카로워지는가?
- 멍하게 있는 시간이 늘어나는가?
- 한 가지 생각에서 헤어나지 못하는가?

● 마음이 급해지거나 일에 쫓기는 느낌을 자주 받는가?

● 머리가 무겁거나 아픈가?

● 가슴이 두근거리는 경험을 자주 하는가?

● 얼굴 표정이 굳어진 느낌을 받는가?

이러한 몸에서의 반응을 더 자주 경험한다고 생각될수록, 나의 스트레스는 나의 삶에 부정적인 영향을 더 주고 있는 것이다. 어떤 반응들은 너무나 반복적이 되어서 특별히 이상하다고 여겨지지 않을 수도 있다. 소화가 잘되지 않더라도 '스트레스를 받았으니 오늘도 또 소화가 되지 않네.'라고 습관적으로 넘어가게 될 수도 있다는 말이다. 앞에 적힌 스트레스에 대한 몸의 반응들을 다시 살펴보자. 이 중 없애고 싶거나 바꾸고 싶은 증상들은 없는가?

스트레스에 대한 나의 몸의 반응들을 살펴보았다면 이제는 나의 감정과 생각들이 스트레스에 의해 변화하는 것을 살펴볼 차례이다. 지난 한 달간 내가 받았던 스트레스를 생각해 보자. 스트레스가 나를 어떤 방향으로 이끌었는지, 질문들을 보고 빠르게 머릿속에 떠올리며 탐색해 보자. 지난 한 달 동안 내가 스트레스를 받았을 때,

● 예상치 못하게 일어난 일들 때문에 얼마나 자주 당황했었는가?

● 내 삶에 일어나고 있는 중요한 일들을 내가 통제하지 못하고 있다고 느꼈는가?

● 나에게 일어나는 개인적인 문제들을 스스로 해결해 나가지 못하는 기분이 들었는가?

● 내가 가지고 있는 가치관에 부합되지 않는 일들이 자주 일어난다고 느꼈는가?

● 나에게 주어진 일, 내가 해야 할 일들을 다 처리하지 못하고 있다는 생각이 들었는가?

● 내가 어떻게 하지 못하는 일들 때문에 화가 났었는가?

● 내가 극복하지 못할 것 같은 일들 때문에 주눅이 들었는가?

내가 스트레스를 받을 때 무엇이 필요한지를 알아 두는 것은 매우 중요하다. 이것은 스트레스를 받았을 때 즉각적으로 대처할 수 있도록 도와줄 뿐 아니라, 대처방법을 통해서 내가 문제상황에서 어느 정도의 해결능력을 가지고 있는지 파악할 수 있기 때문이다. 스트레스 상황에 적절하게 대처하지 못할 경우 불안수준이 상승하고 정서적·인지적으로 부적절한 반응을 보일 수 있다. 그렇기에 스트레스를 파악했다면, 그다음은 대처가 핵심요인이다. 내가 즉각적으로 꺼내어 사용할 수 있는 스트레스의 구급처방약에는 무엇이 있는가? 대처방식은 음악, 운

동, 영화보기, 잠자기, 그림 그리기, 맛있는 음식 먹기, 쇼핑, 수다, 소리 지르기, 울기 등 사람과 환경에 따라 그 모습이 다양하다. 나의 스트레스를 가장 빠르게 완화시켜 주는 적합한 대처방식은 무엇인가?

　날씨와 같이 바꿀 수 없는 것에 대해서는 스트레스를 받는다 하여도 변하는 것이 없다. 또한 내 능력이 뛰어나지 못함에 열등감을 가지는 것도 나에게 크게 도움이 되는 경우는 없다. 오히려 나의 능력의 한계를 수용하며 공부와 일을 진행하는 것이 더 좋은 결과를 낼 수 있다. 나는 결코 모든 사람을 만족시킬 수 없고, 모든 일을 다 완벽하게 처리할 수 없다. 누구나 실수를 하며 살아가고, 나를 좋아하는 사람이 있다면 또 나를 싫어하는 사람도 있다. 완벽한 내가 되기 위해 스트레스를 받으며 스스로를 혹사하는 것을 줄이고, 자신에게 어느 정도의 여유와 휴식을 선물해 주면 어떨까?

마음 살펴보기

• 어떤 직업이 나에게 맞을지, 지금 하고 있는 일이 나에게 맞는 일인지 고민하는가?

➜ _____

• 현재 다니고 있는 학교/직장/사업장에 불만이 있는가?

➜ _____

• 나와 중요한 관계에 있는 사람들 때문에 스트레스를 받고 있지는 않는가?

➜ _____

• 나의 취미생활이나 즐거움을 위해 투자할 시간이 부족한가?

➜ _____

• 나의 경제적인 배경 때문에 어려움을 겪고 있는가?

➜ _____

• 현재의 수입에 불만족스러운가?

➜ _____

• 마음이 공허한가?

➜ _____

• 자아존중감이 낮은가?

➜ _____

• 현재 나의 이성관계에 불만족하는가?

➜ _____

• 나의 얼굴, 체형 등 외모에 불만족하는가?

➡ _____

• 내가 살고 있는 집의 위치나 크기 등이 불만족스러운가?

➡ _____

• 무언가에 실망하거나 상처받았을 때 그것을 회복해 나가는 힘이 있는가?

➡ _____

• 건강에 이상이 있는가?

➡ _____

• 나의 교양이나 상식, 교육수준, 출신학교에 불만이 있는가?

➡ _____

• 내 안에 앞으로 펼쳐질 잠재력이 있다는 확신이 있는가?

➡ _____

• 내 삶은 늘 장애물이 많고 오르막길만을 가고 있다는 생각이 드는가?

➡ _____

• 직장, 친구관계, 가족, 어떤 집단 내에서 나의 지위나 역할에 대해 불만이 있는가?

➡ _____

• 나이가 들어가는 것에 대해 받아들이지 못하고 있는가?

➡ _____

28 마음의 문 열기

활동 1

🖊 나는 사람들에게 내 마음을 쉽게 보여 주는 편인가? 아니면 마음을 꽁꽁 숨기고 사람을 대하는 편인가?

🖊 특정 사람에게만 내 마음의 문이 닫혀 있다면, 그 사람과는 어떤 일이 있었는가?

🖊 내 마음의 문은 얼마나 오랫동안 닫혀 있었는가? 내 마음의 문을 열기 위해서 필요한 것은 무엇인가?

🖊 내 마음의 문은 어떤 재질로 이루어져 있고, 얼마나 튼튼한가? 내 마음의 문을 그려 보자.

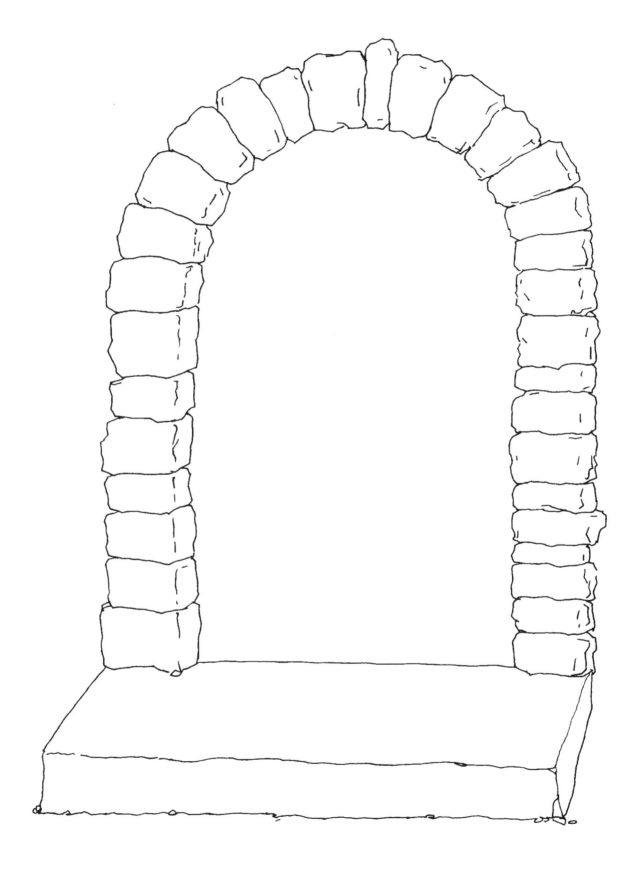

활동 2

✎ 닫힌 내 마음의 문을 살짝 열어 보자.

✎ 문 너머에는 나의 어떤 마음이 감추어져 있는가?

✎ 내가 남들에게 보여 주고 싶지 않았던 마음은 어떤 것인가?

✎ 닫힌 마음의 문 속에 숨겨진 나의 마음을 그려 보자.

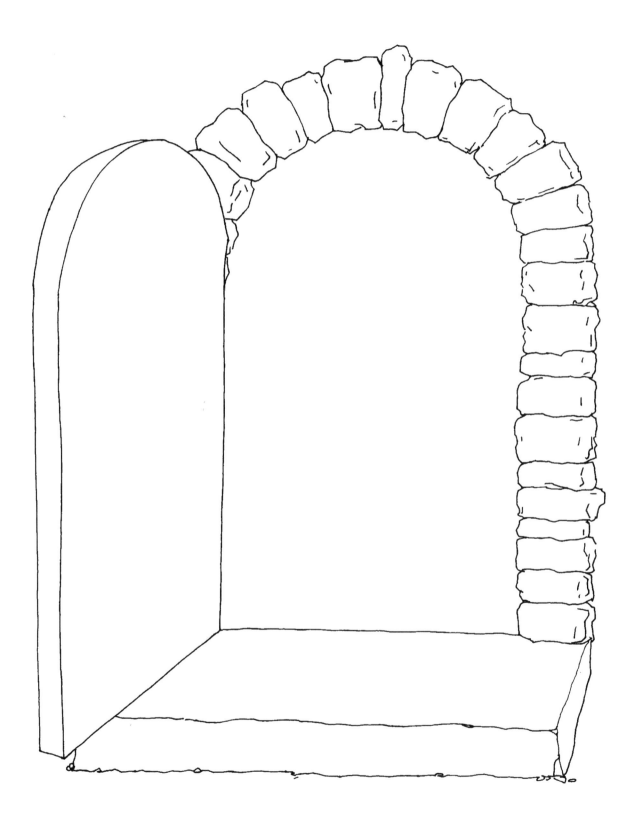

😊 마음의 문은 두 가지 역할을 한다. 첫째, 내가 다른 사람들에게 쉽게 다가가도록 만들기도 하고, 둘째, 다른 사람이 나에게 쉽게 다가오도록 도와주는 역할을 한다. 처음에 내 마음의 문은 활짝 열린 큰 대문과도 같았을 것이다. 태어나면서부터 내가 남들에게 마음을 보여 주지 않으려고 하는 사람은 아니었을 테니 말이다.

세상에 태어났을 때, 우리는 부모님에게서 많은 사랑을 받으며 자라났다. 그리고 어린 우리는 울어서 원하는 것을 말했고, 방긋 웃으며 즐거움을 이야기했다. 음식을 달라고, 기저귀를 갈아달라고, 내가 원하는 욕구를 편하게 이야기했고, 부모님은 내가 필요한 것을 제공해 주었다. 한 살, 한 살 나이가 들어가면서 말을 할 수 있게 되었다. 그러나 마음에 떠오르는 대로 이야기를 하였더니 어느 순간 부모님이 그러면 안 된다고 말을 한다. 어느 날은 호되게 화를 내기도 한다. 억울하게도 나는 마음이 내키는 대로 말하고 행동하였을 뿐인데 말이다. 때로는 아예 꺼내지 않는 것이 더 좋았을 것이라 후회되는 말도 생긴다. 내가 해도 되고, 하지 말아야 할 말들이 점점 구분이 되기 시작한다. 나는 내가 떠오르는 말을 모두 하지도, 남들이 하는 말을 모두 받아들이지도 않게 되었다.

학교에 다니기 시작하며 친구들을 만나게 되었다. 나와 마음이 잘 맞는 친구를 사귀기도 하고, 현재까지 나의 친구로 있어 주는 소중한 친구를 만나기도 했다. 그 시절에는 친했지만 학기가 지나면서 멀어진 친구들도 있다. 친구들과의 관계에서 사소한 말다툼과 오해가 생기기도 하고, 내 편과 네 편으로 나누어져 감정싸움을 벌이기도 했다. 그러다가 믿었던 친구가 나의 이야기를 뒤에서 하고 다닌다는 말을 들었다. 나의 이야기가 남의 입을 통해 내 귀에 들어온다. 때론 나와 그렇게 친하다고 생각하지 않았던 사람이 나를 나쁘게 이야기하였다는 말을 들었다. 누굴 믿어야 할지에 대한 혼란이 생겨났다.

마음이 성숙해지면서 단순히 친구가 아닌 사랑하는 사람을 만나게 되었다. 처음으로 가슴이 뛰고, 생각만 해도 행복한, 내가 모든 마음을 주고 아낌없이 사랑을 주고 싶은 사람이었다. 내 가족보다 더 가까운 사이가 되었고, 나의 시간을 가장 많이 함께하는 그런 사람이었다. 자석처럼 끌리듯이 만나 불꽃같은 사랑을 했다. 그러나 시간이 지나며 그 사람과도 오해가 생기고, 섭섭함이 쌓이며 말싸움이 오갔다. 그러다가 어떠한 이유로 인해 그 관계가 결국 끝이 나고 만다. 그렇게 사랑하고 시간과 열정을 함께했지만 남은 것은 상처밖에 없다. 내 모든 마음을 다 열어서 나의 세계 안에 들어오게 했던 사람인데, 홀연히 사라져 버렸다.

그래서 내 마음의 문은 점점 닫혀 가기 시작했다. 지금은 밖에서 두들겨도 쉽사리 문을 열어 줄 수가 없다. 처음부터 나는 그런 사람이 아니었다. 처음에 나는 남을 경계하지 않는 해맑은 어린아이였는데 말이다.

내 마음의 문의 손잡이는 안쪽에만 있다. 밖에서 누군가가 아무리 노력을 해도 결국 문을 열 수 있는 사람은 나뿐이라는 것이다. 오랜 시간 닫힌 내 마음의 문을 살짝 열어 보자. 닫혀 있던 문 너머에는 나의 어떤 마음이 감추어져 있는가. 내가 남들에게 보여 주고 싶지 않았던 마음은 어떤 것이었는가. 내가 사실 감추어 놓고 있던 것은 사랑받고 싶은 마음, 보듬어 주었으면 하는 마음, 기대고 싶은 마음들이 아니었을까. 이것들을 쉽게 꺼내 놓기에는 내가 받은 상처들이 너무 많지는 않았는가.

이렇게 굳게 내 마음의 문을 닫아 버린 것은 내가 나를 무척이나 소중히 여기기 때문이다. 내가 가장 소중하기 때문에, 상처를 받는 것이 두려워진 것이다. 쉽게 열어 버린 마음에 자꾸 생채기가 났었기에, 조심하고 또 조심해서 나에게 상처를 주지 않을 것 같은 사람만 조심스레 들여보내게 되었다. 분명 이번에는 믿을 수 있는 사람이라고, 내 사람이라고 생각했는데, 그 사람이 내게 다시 한 번 상처를 주었을 경우, 내 마음의 문은 오랜 시간 굳게 닫혀 버린 채 방치되어 버리고 만다. 회사도 다니고, 사람도 만나고, 친구들도 만나지만, 내 마음을 모두 보여 주는 사람은 없다. 항상 적당한 거리를 유지하고, 상처를 주는 일도, 받는 일도 없이 안전한 거리에서 사람들을 대하기 시작했기 때문이다. 누군가 나의 세계에 한 발자국 들어오려고 할 때, 선을 긋는다. '친하지도 않은데 이렇게까지 하는 것은 부담된다.'는 이유에서이다. 하지만 생각해 보자. 마음의 문을 닫지 않았던 어린 시절, 나는 나의 세계에도, 남의 세계에도 계산 없이 오가지 않았었는가. 내가 언제부터 이렇게 경계가 심한 문지기를 내 마음 앞에 세워 두고 있었는가.

이런 나의 마음은 내가 주변 사람과 좀처럼 가까워지지 못하게 만든다. 분명 나와 좋은 마음으로 가까워지고 싶어 하는 사람들도 있는데, 사람을 있는 그대로 보고 그 사람을 받아들이는 것이 아니라 마음의 문이라는 그럴싸한 단어를 앞세워서 내 기준에 허락된 사람만이 들어오도록 해 버리는 것이다. 그렇기 때문에 마음을 닫는 순간부터 나는 외로워졌다. 이 외로움의 기준은 내가 주변에 사람이 없기 때문은 아니다. 내가 혼자 일을 하거나 집에 혼자 있는 시간이 많아서도 아니다. 누군가와 같이 있느냐 떨어져 있느냐가 외로움의 기준이 되는 것이 아니기에 수많은 사람과 함께하는 지금도 여전히 외로운 마음이 드는 것이다. 닫힌 마음으로는 사람뿐만 아니라 사랑도, 희망도, 꿈도, 기대감도, 설렘도, 그 어떤 다른 아무것도 들어오지 않는다.

너무 굳게 닫힌 문은 나조차도 열 수 없는 상황이 되기도 한다. 상처받지 않으려 꽁꽁 잠가

212

놓은 마음은, 주인인 나조차도 열어 볼 수가 없기 때문이다. 내 마음속에 어떤 마음들이 있는지 나조차 잃어버리게 되는 것이다. 잊지 말아야 할 것은, 마음의 문은 여는 것도, 닫는 것도 나 스스로의 의지에 의해서만 가능하다는 것이다. 나를 받아들이고, 주변 사람을 한 번 더 받아들일 용기를 내 보는 것은 어떨까? 과거의 나도, 지금의 나도, 아파했던 나도 모두 받아들이고 이제 나에게 짐이 되는 기억은 떠나보내 보자. 그리고 더 많이 사랑하고 사랑받을 수 있는 미래의 나를 위해 오랜 시간 닫혀있던 문을 조금만 열어 보자.

마음 살펴보기

• 내가 처음 마음의 문을 닫았던 사건을 떠올려 보자. 어떤 사건이었는가?

➡ _____

• 그때 나는 누구와 함께 있었는가?

➡ _____

• 그때 나의 감정은 어떠하였는가? 감정단어 3가지를 골라 보자.

➡ _____

• 그때 닫힌 마음의 문은 내가 현재의 인간관계를 맺는 데 어떤 영향을 미치고 있는가?

➡ _____

• 내 마음의 문은 얼마나 오랜 시간 닫힌 채 있었는가?

➡ _____

• 그 문을 통과해 온 사람은 지금껏 얼마나 되는가? 그 사람들은 현재 나에게 중요한 사람들인가?

➡ _____

- 이미 지나가 버린 누군가의 그림자를 가두어 놓고 있지는 않았는가?

→ _____

- 마음의 문을 닫음으로써 나는 안전함을 느끼고 있는가?

→ _____

- 새로운 사람에게 마음을 여는 것보다 지금의 안전함이 더 중요한가?

→ _____

- 내가 사람에게 마음의 문을 열지 못하는 이유를 한 문장으로 생각해 보자.

→ _____

- 그 이유는 타당한가? 근거가 있는가? 다른 방향으로 생각해 볼 수는 없는가?

→ _____

- 내가 마음의 문을 열고 누군가를 받아들인다면 최악의 경우 어떤 일이 일어나겠는가?

→ _____

- 누군가에게 마음을 열었을 때 최상의 경우 어떤 일이 일어나겠는가?

→ _____

- 내 마음의 문 안에 있는 진짜 나의 마음을 아는 사람은 내 주변에 누가 있는가?

→ _____

29 지금 이 사람에게 필요한 것은?

🕐 예상 소요시간: 40분

활동 1

🖊 엎드려 있는 한 사람이 있다. 이 사람은 지금 어떤 감정을 느끼고 있는 것처럼 보이는가? 그렇게 생각한 이유는 무엇인가?

🖊 이 사람에게는 무슨 일이 일어났던 것일까? 지금 어떤 생각을 하고 있는 것일까? 그렇게 생각한 이유는 무엇인가?

🖊 지금 이 사람에게 필요한 것은 무엇일까?

🖊 이 사람에게 위로가 되는 색은 무엇일까? 색을 칠해 이 사람에게 위로를 선물해 주자.

활동 2

🖉 나는 이 사람에게 필요한 것이 무엇이라고 생각했는가?

🖉 그 이유를 조금 더 구체적으로 생각해 보자.

🖉 이 사람에게 일어났을 것이라고 예상되는 사건을 상황, 대인관계, 대화, 환경 등을 고려
   하여 더 구체적으로 생각해 보자.

🖉 이 사람은 앞으로 어떻게 될까?

🖉 이 사람에게 지금 가장 필요하다고 생각되는 것을 그림으로 그려 선물해 주자.

어느 날 길을 걷다가 새가 지저귀는 소리를 듣고, '오늘 새가 슬프게 울고 있다.'는 생각이 드는 날이 있었을 것이다. 또 어떤 날은 비슷한 소리를 들으면서도 '새가 노래한다.'는 생각이 드는 날도 있었을 것이다. 4월에 접어들어 흩날리는 벚꽃 잎을 보면서 '꽃잎이 쓸쓸하게 떨어지고 있다.'는 생각이 드는 날도 있는 반면, '꽃잎이 하나하나 춤을 추며 눈처럼 내려온다.'는 생각이 드는 날도 있다. 새가 울거나 꽃잎이 쓸쓸히 떨어진다는 생각이 든 날은 아마도 내 마음속에 슬픈 기분이 있었을 것이고, 새가 노래한다고 느끼거나 꽃잎이 춤추며 내려온다는 생각이 든 날은 나의 기분이 분명 즐거웠을 것이다. 상대방이 가지고 있지 않은 감정을 나의 감정으로 덮어씌워서 보는 이런 현상을 심리학에서는 '투사'라고 한다. 정신분석학에서 말하는 투사란 한 개인의 성향이나 태도, 특성을 다른 사람에게 무의식적으로 그 원인을 돌리는 것을 의미한다.

때로는 내 안의 상처나 어떤 치부와 같은 것을 드러내고 싶지 않아 꾹꾹 눌러놓으면서 다른 사람이 내가 숨겨 놓은 감정들을 헤여 보지는 않을까 걱정을 한다. 그리고 내가 그렇기 때문에 다른 사람도 그럴 것이라고 착각을 하기도 한다. 마치 도둑이 제 발 저리는 것과 같다. 내가 불안하고 화가 나는 것인데, 상대방이 불안하고 나에게 화를 내고 있다고 생각하는 것이다. 연인 관계에서도 예민한 말싸움을 할 때 이런 경우가 자주 발생한다. '너 오늘 말투가 왜 그래?'라고 말할 때 내 기분이 좋지 않기 때문에 삐뚤게 들렸을 가능성이 높다. '네가 먼저 나한테 시비를 걸어서 나도 그런 거야.'라고 말을 했다면, 내 기분이 좋지 않았기 때문에 애인이 시비를 걸고 있다고 생각했을 가능성이 높다.

그때, 그대로 불쾌한 기분과 함께 화를 내지 말고 생각을 멈추어 보자. 정말 상대방의 말투가 문제였을까? 나는 이 사람을 만나기 전에 무슨 일이 있었는가? 나는 어떤 감정을 안고 이 사람을 만났는가? 내가 가지고 있던 스트레스와 고민들을 이 사람에게 덮어씌워 버린 것은 아니었을까? 감정이 나를 공격할 때 휘둘리지 말고 생각을 따라가 본다면 불필요한 말싸움도 줄일 수 있고, 그로 인한 불필요한 상처도 받지 않을 수 있다.

가끔 어떤 사람이 하는 행동이 견딜 수 없을 만큼 싫은 적이 있었을 것이다. 그 사람이 그렇게 화날 만한 행동을 한 것도 아니었는데도 참을 수 없을 만큼 불쾌한 기분이 드는 것이다. 그때 그 사람의 특정 행동을 살펴보자. 잘 살펴보면 그 사람의 말투나 행동에서 보이는 것들이 내 안에 있는 부끄러움과 비슷한 모습일 때가 많다. 상대방이 하는 그런 행동이 마치 내 모습을 들킨 것과 같아 부끄럽고 견디기 어려운 것이다.

만약 내 안에 어떤 일을 회피해 버리고 비겁하게 피하고 싶은 마음이 있다고 가정해 보자.

그러나 나는 겉으로는 충분히 정의로운 사람처럼 살아갈 수 있다. 그런데 내가 만난 누군가가 소심하고 비겁한 모습을 은연중에 나에게 비추게 되면, 나는 그 모습을 견딜 수가 없는 것이다. 나의 비겁한 속마음을 다른 사람에게서 발견하니, 나의 치부가 적나라하게 드러나는 것 같아 수치스럽고 화가 나기 때문이다.

심리상담현장에서는 이러한 투사를 적절하게 이용하기도 한다. 엎드려 있는 이 여자가 가지고 있는 생각, 느끼는 감정, 필요한 것이 무엇인지를 생각하고 탐색하는 작업을 통해, 힘들어할 때의 나의 모습을 연결지어 생각할 수 있는 것이다.

남의 연애상담은 잘해 주고 이런저런 조언도 아끼지 않지만 정작 자신의 연애에는 서툰 사람들이 있다. 바로 친구들의 인생상담소를 자처하지만 자신의 문제가 닥치면 끙끙 앓는 사람들이다. 충분히 문제를 해결해 나갈 힘이 있는 사람들이지만 자신을 객관화하는 것은 어려운 일이기 때문이다. 심리상담사들도 마찬가지이다. 상담현장에서는 다른 사람의 의견을 수용하고 존중하지만 막상 집에 오면 부모님, 배우자, 아이와 갈등이 늘 있다. 자신의 일이기 때문에 감정이 개입되고 객관적으로 보지 못하는 것이다.

불안수준이 굉장히 높은 한 여성이 상담소에 방문한 적이 있다. 그녀는 일상에서 일어나는 사소한 일 하나하나에도 걱정과 염려를 하며 늘 불안을 표현했다. 최근 눈이 계속 건조하고 시력이 낮아지는 것 같아 안과를 방문하였는데, 안과에서는 안구건조증이라고 그녀에게 진단을 내렸다고 한다. 인공눈물을 넣으라는 처방에 인공눈물을 사용하기 시작했지만 여전히 눈이 건조하자 그녀는 '혹시 눈에 큰 병이 생긴 것은 아닐까?' 하는 걱정이 들기 시작했다. 다시 방문한 안과에서는 여전히 안구건조증이라는 말을 하였지만 집에 돌아오는 그녀는 분명 눈에 문제가 있는데 이대로 방치하면 큰 병으로 발전할 것 같아서 너무나도 불안했다고 한다. 안구건조증이라는 의사의 말에 의구심이 생기고 혹시 이대로 눈이 멀어 버리지 않을까 심각하게 걱정을 하고 있었다. 근거 없는 불안이었다.

그녀에게 '만약 친구가 안과를 방문했는데 안구건조증이라는 말을 들었고, 지금도 눈이 건조해서 걱정된다고 말을 한다면 뭐라고 대답하시겠어요?'라는 질문을 하였다. 그녀의 상황을 제3자화해 본 것이다. 이 질문을 듣자 그녀는 수줍게 웃으면서 '아마 안구건조증일 거라고 말해 줄 것 같아요.'라고 대답을 했다. '혹시 친구가 큰 눈병으로 발전해서 눈이 멀 수도 있지 않을까요?'라고 물으니 '의사가 안구건조증이라고 했으니 아니겠죠.'라고 말끝을 흐린다. 그녀에게 '그럼 다시 돌아와서, 본인은 지금 눈 상태가 어떤 것 같으세요?'라고 물으니 그제야 '그냥 안구건조증인 것 같아요.'라고 말을 한다. 남의 이야기라고 설정하고 생각해 보면 내 이야기의 답이 보일 때가 있다. 그래서 우리는 이러한 투사를 현명하게 사용할 필요가 있다. 나에게 어떤 해결하기 힘든 상황이 닥쳤을 때, 다음의 대답을 글로 적어 보자. 대답은 노트의 구석에 끄적여 보아도 좋다.

- 나에게 일어난 힘든 일은 이것이다.
- 나는 그 일에 대한 반응으로 이러한 행동을 했다.
- 그 행동을 한 이유는 이것이다.
- 그때 내가 느낀 감정은 이것이다.
- 지금 나를 힘들게 하는 사람은 이 사람이다.
- 내가 이 사람 때문에 힘든 이유는 이것이다.
- 나는 사람들로부터 이러한 대접을 받고 있고, 그것 때문에 느끼는 감정은 이것이다.
- 나는 그 일을 이렇게 해결하고 싶다.
- 왜냐하면 이런 이유들 때문이다.

이제 내가 적은 글을 다시 한 번 읽어 보자. 그리고 주어를 바꾸어 보자. 주어는 내가 아니라면 누가 되어도 상관없다. 편하게 나의 가장 친한 친구의 이름을 넣어 볼 수도 있다. 나의 친한 친구가 지금 이러한 상황 때문에 이런 감정을 느끼고 이렇게 해결하고 싶어 한다. 자, 그 내용을 내 눈으로 다시 보고 판단해 보자. 내가 느낀 감정들은 타당한가? 내가 해결하려는 방식은 합리적인가? 나는 충분히 현명하게 대처하고 있는가?

내가 가지고 있는 마음의 문제를 잠시 나에게서 분리하여 눈앞에서 객관화하여 보는 것, 이러한 투사를 통해 나의 마음이 지금 필요로 하는 것이 무엇인지, 나의 마음이 지금 어떤 말을 하고 있는지 확인하고 다독여 줄 수 있다. 엎드려 있는 사람에게 필요한 것은 무엇이었는가? 혹시 그것이 지금의 나에게 필요한 것은 아니었는가?

마음 살펴보기

• 지금 나를 가장 힘들게 하는 사건은 무엇인가?

➜ _____

• 그 사건을 해결하거나 극복하기 위해 나는 지금 무엇을 하고 있는가?

➜ _____

• 해결점을 찾지 못해 답답한 부분이 있는가?

➜ _____

• 나의 상황을 가까운 지인에게 일어난 상황이라고 생각해 보자. 나의 지인은 어떤 부분이 힘들다고 이야기할 것 같은가?

➜ _____

• 그 이야기를 들었을 때, 나는 어떤 조언을 해 줄 것 같은가?

➜ _____

• 지금의 상황에서 내가 놓치고 있는 것은 없는가?

➜ _____

• 목적을 향해 서두르다가 중요한 것을 잊고 있지는 않은가?

➜ _____

• 내가 잘해야 한다는 부담감에 자신이 할 수 있는 것 이상을 떠안고 있지는 않은가?

➜ _____

• 내가 지치고 휴식이 필요하다는 것을 알고 있지만 그럴 여유가 없다고 생각하는가?

➜ _____

222

• 만약, 잠시 휴식을 취한다면 어떤 일이 일어나겠는가?

→ _____

• 그 일은 생각하는 것만큼 끔찍한 일이겠는가?

→ _____

• 나에게 지금 필요한 것은 어떤 방식으로 얻을 수 있는가?

→ _____

• 내가 그것을 얻기 위해 할 수 있는 일 3가지를 생각해 보자.

→ _____

30 위로받고 싶은 마음

🕐 예상 소요시간: 35분

✎ 사람들은 살아가면서 크고 작은 상처들을 계속 만들어 간다. 큰 상처는 스스로 많은 고민을 하며 치유해 가려는 노력을 하기도 하지만, 작은 상처에게도 위로가 필요하다는 것을 많은 사람이 놓치곤 한다. 내가 놓치고 살아온 마음의 상처에는 무엇이 있는가?

✎ 자, 여기 나의 그 어떤 상처라도 감쪽같이 치유해 줄 수 있는 마법의 반창고가 있다. 이 마법의 반창고에 이름을 붙여 준다면 무엇이 좋겠는가?

✎ 나는 지금 나의 어떤 마음을 위로해 주고 싶은가? 반창고는 어떤 무늬와 색을 가지고 있겠는가? 토닥토닥 내 마음에 반창고를 붙여 주자.

이 반창고의 이름은:

이 반창고가 필요한 내 상처의 이름은:

이 반창고의 이름은:

이 반창고가 필요한 내 상처의 이름은:

이 반창고의 이름은:

이 반창고가 필요한 내 상처의 이름은:

특별히 엄청나게 아픈 것은 아닌데, 계속해서 내게 불편함을 주는 상처들. 이미 시간이 너무 오래 지나 이제 와서 다시 누군가에게 하소연하기에는 겸연쩍은 마음의 상처들. 그러나 내 마음속에서 여전히 가끔은 쿵 하고 내려앉는 그런 상처들. 누구나 이런 이야기 하나씩은 있을 것이다. 살아오는 과정에서 여기저기 조금씩 긁혀 버려 소소한 위로가 필요한데 이런 상처들은 쉽게 털어놓을 곳이 없다.

마음의 상처는 자생력이 있어서 대부분 시간이 지나면 스스로 회복된다. 그래서 마음이 다쳤을 때 가장 좋은 약은 시간이라고 한다. 그러나 시간이 지나도 여전히 생생하게 아픈 기억들이 있다. 그 기억들은 나 스스로가 알아주지 않으면 그대로 곪아 버릴 수도 있다는 위험성을 가진다.

때로는 끝맺음을 제대로 맺지 않았던 좋지 않았던 기억들이 오랜 상처로 남기도 한다. 오래 전 있었던 사건들이 여전히 아픔으로 남아 있는 경우가 여기에 해당한다. 이런 경우, 몇 가지 심리적 요소가 작용할 수 있다. 첫 번째는 무드셀라 증후군이다. 무드셀라 증후군은 추억을 아름답게 포장하거나 나쁜 기억은 지우고 좋은 기억만 남기려는 심리를 의미한다. 구약성서에 등장하는 노아의 할아버지인 무드셀라는 969살까지 살았던 장수의 인물로 알려져 있는데, 나이가 들어갈수록 과거를 회상하며 좋았던 시간으로 돌아가고 싶어 했다는 데에서 이 단어가 유래한다. 그래서 과거 연인과 헤어진 기억을 가지고 있는 사람이 좋았던 시간만을 기억할 경우, 그 이별이 실제보다 더 아프게 느껴질 수도 있는 것이다.

사람은 보통 현실이 힘들 때 과거에 대한 기억을 많이 떠올린다. 초조할 때 가장 원초적인 어머니의 자궁 속 환경까지 거슬러 올라가며 안정감을 느끼는 것과 비슷한 원리이다. 어머니의 자궁 속 심장 소리와 비슷한 박동으로 다리를 떤다던가, 태아 때 몸이 압박당하던 때처럼 꼬옥 안아 주면 마음이 편해진다던가, 뱃속에서 들리던 백색소음을 들으면 잠이 잘 오는 것이 그 예가 될 것이다. 그러나 실제로는 과거로 다시 돌아갈 수 없고, 그런 상황은 또다시 고통스러운 감정을 느끼게 만든다. 이와 반대되는 심리적 용어로는 순교자 증후군이 있다. 이는 과거의 기억에 대해 부정적으로 생각하고 나쁜 감정만을 떠올리는 증상이다. 내가 늘 희생자이고 피해자였던 기억으로 가득 차 있는, 늘 괴로울 수밖에 없는 사람들이 이런 심리적 경향을 가지고 있다.

그렇기 때문에 첫사랑은 내 머릿속에 아름답게 포장되어 있는 것이다. 지나간 연인과의 추억 중에도 분명 싸운 시간이 많았을 텐데, 그래서 지쳐서 헤어진 것일 텐데, 어째서인지 즐거웠던 기억만 남아 있다. 때론 여행지에서 호되게 고생을 하고 돌아온 후에도 고생한 기억조차

재미있던 추억으로 남는 경우가 있다. 좋은 기억은 회상하고 좋지 않은 기억은 빨리 지우고 싶어 하는 심리는 정신분석학에서 말하는 퇴행심리로, 일종의 현실도피와도 같은 개념이다. 가끔 중년의 남성들이 '내가 한때는 이런 사람이었다.'고 말하며 자신의 잘나가던 시절을 떠올리는 것도 마찬가지의 심리이다.

경제가 어려워지면 복고가 유행한다. 나라가 불안정하면 그 나라가 문화적으로 경제적으로 더 행복했던 시절의 패션과 노래가 다시 인기를 얻기 시작한다. 불안한 상황에서 좋았던 시간을 곱씹는 것이다. 하지만 무드셀라 증후군의 원 의미에서 볼 수 있듯이 이 추억과 기억들은 어느 정도 왜곡된 것들이다. 기억을 왜곡하며 현실의 괴로움을 잠시 잊는 것이다. 사실 우리는 '지금-여기'의 현실을 살아가야 하는 존재인데 말이다.

지금의 현실에 만족하지 못할 때, 때로는 상상의 세계를 만들어 버린 후 그 세계를 진실이라고 믿어 버리기도 한다. 처음에는 자신의 결점을 감추고자, 나의 상처를 드러내지 않고자 시작한 사소한 거짓말이었는데, 이 거짓말과 거짓행동이 반복되면서 이것이 실제라고 믿어 버리는 현상이 일어나는 것이다. 리플리 증후군은 거짓말을 하고 거짓말이 들킬까 봐 불안해 하는 단순한 거짓말쟁이가 아닌, 스스로가 한 거짓말을 사실로 믿어 버리는 인지 왜곡의 증상을 말한다.

그러나 이 리플리 증후군을 무조건 나쁘게 볼 것만은 아니다. 너무 아픈 기억이 자신을 힘들게 할 때 리플리 증후군에 빠지기도 한다. 한 여성은 반려강아지를 하늘나라로 떠나보낸 후 너무 큰 상실감에 고통받고 있었다. 그녀는 이 고통을 이기기 위해 강아지가 다른 집에 입양 간 것이라고 스스로에게 이야기를 하였는데 그것을 스스로 진실로 믿어 버려 주변인들에게도 강아지가 입양을 갔다고 말하고 다녔다. 제3자가 보기에는 거짓말을 하고 다닌 것이지만, 그 시간 동안 그녀는 거짓된 믿음을 만듦으로써 너무 아픈 상처를 회복하는 데에 도움을 받을 수 있었다.

과거에 좋지 않았던 인간관계, 어떤 상처되는 말을 들었는데 내 입장을 제대로 밝히지 못했던 기억, 억울했던 심정 등은 자이가르닉 효과로 설명될 수도 있다. 자이가르닉 효과는 일이 완결되지 않으면 긴장이나 불편한 마음이 지속되어 반복적으로 기억 속에 남아 잔상을 남기는 현상을 의미한다.

러시아의 심리학자였던 자이가르닉은 웨이터들이 수많은 주문을 헷갈리지 않고 받아가는 것을 신기하게 여겨 이를 눈여겨보았다. 그는 계산을 마친 후 웨이터에게 자신이 무엇을 주문했는지 기억하느냐고 물었는데, 웨이터는 전혀 기억이 나지 않는다고 대답을 했다. 그는 이 현상을 통해 우리는 처리되지 않은 일은 계속 기억하고, 일이 완전히 처리된 후에는 기억에서 쉽게 흘려보낸다는 것을 알아냈다.

마음의 상처를 입거나, 아픈 시간을 보냈을 때, 그것은 우리에게 심리적 외상이 된다. 그리고 그 사건들은 완전하게 해결된 것이 아니기에 계속해서 우리를 따라다니며 정신적인 아픔을 주는 것이다. 그 기억은 수년간 지속될 수도 있고, 수십 년간 우리를 따라다닐 수도 있다. 그렇기에 힘든 일을 겪은 사람들에게 "괜찮아. 이제 다 끝났어."라고 말하는 것은 이 사건을 마음속에서 빨리 종결지으라는 심리적인 의미를 내포한다.

여전히 나의 마음을 아프게 하는 그 무엇이 있다면, 그리고 그것이 지금의 나의 힘으로 해결하거나 치유할 수 있는 방법이 없다면, 우리는 되돌아가서 그 사건을 마무리지어야 한다. 용서해야 하는 사람이 있다면 용서해야 할 것이다. 상대방을 용서하고, 나 스스로를 용서하고, 그 일을 나에게로부터 떠나보내야 할 것이다. 그 상처로부터 벗어나는 일은 나 스스로 그 마음을 마무리짓고 흘려보내는 것밖에 없다. 그때 내가 잘못한 것이 아니었다. 나는 어쩔 수가 없었을 것이다. 그 시절 잘못했던 누군가를, 나를 용서하고, 받아들이고, 이젠 편안해져도 괜찮다.

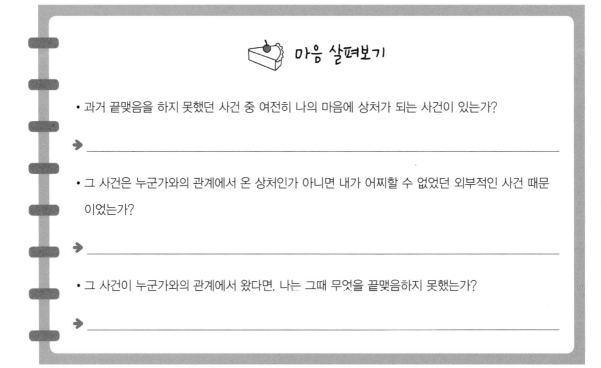

🍰 마음 살펴보기

• 과거 끝맺음을 하지 못했던 사건 중 여전히 나의 마음에 상처가 되는 사건이 있는가?

→ _____

• 그 사건은 누군가와의 관계에서 온 상처인가 아니면 내가 어찌할 수 없었던 외부적인 사건 때문이었는가?

→ _____

• 그 사건이 누군가와의 관계에서 왔다면, 나는 그때 무엇을 끝맺음하지 못했는가?

→ _____

• 내가 과거로 돌아가 그 사건을 끝맺음할 기회가 생긴다면, 나는 무엇을 할 것인가?

➜ _____

• 과거의 그 사건이 없었더라면 지금 나의 대인관계는 어떻게 달라졌겠는가?

➜ _____

• 그때의 사건을 계기로 나의 대인관계가 성숙해진 부분이 있는가?

➜ _____

• 그 상처가 나에게 여전히 영향을 미친다는 것을 확인하는 순간은 언제인가?

➜ _____

• 그 사건이 외부적인 사건에서 온 것이라면, 나는 그때 무엇을 하고 있었는가?

➜ _____

• 나는 그 사건에 대해 죄책감을 가지고 있는가?

➜ _____

• 만약 그렇지 않다면 그 사건을 표현할 수 있는 감정단어에는 무엇이 있는가?

➜ _____

• 그 사건은 지금 나의 삶에 어떤 영향을 미치고 있는가?

➜ _____

• 만약 비슷한 사건이 또 일어난다면, 나는 과거와 다르게 대처할 수 있겠는가?

➜ _____

㉛ 나의 상처 살펴보기

🕐 예상 소요시간: 20분

✎ 여기에서는 내 마음속 깊숙이 묻어 두고 있는 상처를 하나 꺼내서 살펴볼 것이다. 내 마음 깊숙이 묻혀 있던 상처들을 탐색해 보자.

✎ 눈을 감고 내 마음속 아주 깊은 곳으로 가 보자. 그 안에 어떤 상처가 숨어 있는가?

✎ 나의 상처는 어떤 모양을 하고 있고, 어떤 패턴이 있으며, 어떤 촉감과 색을 가지고 있는가?

✎ 나의 상처를 그려 보자.

내 상처의 첫 인상은 어떤가요?

내 상처를 한 겹 벗겨보았습니다.
이제 내 상처에 한 발자국 더 들어가 볼 수 있습니다.
이제, 내 상처는 어떻게 생겼나요?

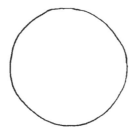

이제 내 상처를 조금 더 가까이 들여다 봅니다.
한 겹 더 벗겨내 보니 조금은 다른 모습을 하고 있습니다.
이제, 내 상처는 어떻게 생겼나요?

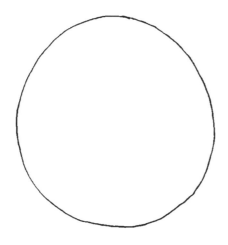

232

😊 모두의 마음속에는 크고 작은 상처들이 있다. 그리고 쉽게 드러내고 시간의 흐름 속에서 사라져 가는 상처도 있는 반면, 마음속 깊숙이 묻어 둔 채 더 이상 꺼내 보지도 않는 상처들도 있다. 어떤 상처는 너무나 깊이 숨겨 둔 나머지, 가끔 나조차도 내 상처가 어떻게 생겼는지를 잊고 살아가기도 한다. 모든 것을 그대로 드러내 놓은 채 안고 가기에는 그 상처가 너무 아프거나 내가 견디기 힘들기 때문이다. 그래서 가장 손쉬운 방법으로 사람들은 아무도 접근할 수 없게 상처를 마음속 깊은 곳에 묻어 두는 것을 선택한다. 아마도 처음 그 상처가 생겼을 때의 모습은 지금 내가 기억하고 있는 모습과는 많이 다를 것이다. 분명히 내 상처는 여전히 그대로인데 말이다.

견디기 힘든 상처가 생겼을 때, 우리는 스스로를 보호하고자 방어기제를 사용하기 시작한다. 방어기제란 나를 위협으로부터 방어하기 위해 무의식적으로 나를 속이며 상처를 회피하려는 심리를 의미한다. 그리고 상처를 감추기 위해서 사람들은 '억제'라는 방어기제를 주로 선택한다. 억제란 불안을 야기시키는 생각이나 충동을 의식화하지 않기 위해서 무의식 속으로 그 불안의 원인을 보내 버리려는 노력이다. 이것은 무의식적으로 일어나는 작용이기 때문에 '내가 억제를 하고 있어!'라고 인지하지는 못하지만, 내가 어떤 것을 잊으려고 노력하고 있다는 사실은 잘 알고 있다.

때로는 '무효화' 혹은 '삭제'라고 불리는 방어기제를 사용하기도 한다. 기억하기 힘든 일을 아예 없었던 일로 만들어 버리는 것이다. 억제는 고통을 피하기 위해서 관련된 생각이나 충동을 일시적으로 억누르는 자기통제의 과정이다. 내게 불편함을 주는 상처는 자꾸 의식 깊은 곳으로 밀어내어 생각하지 않아야 일상생활에 지장이 없기에 우리는 억제를 사용한다.

한 여성은 자신이 몇 년 전에 만났던 남자친구로부터 언어적·신체적 폭행을 당했다고 고백했다. 그는 의처증이 있었고, 욱하는 성격이었으며, 쉽게 언성을 높였고 화가 나면 밀치는 등의 행동을 했다. 그러나 불같이 화를 내고 난 후 울면서 떨고 있는 그녀가 헤어지자고 하면 그 때는 다시 무릎을 꿇고 사과하며 잘못을 빌었다고 한다. 그렇게 진저리나는 연애를 2년을 반복한 후 그녀는 그 남자친구와 헤어질 수 있었다. 그로부터 3년이 지나, 최근 그녀는 길에서 모르는 사람이 자신에게 인사를 해서 깜짝 놀랐다고 한다. 누군데 처음 보는 나에게 이렇게 반갑게 인사를 하는 걸까. 그녀는 그 사람에게 누구냐고 물었고, 그 사람은 너무나 당황해하며 3년 전 만났던 남자친구의 절친이라고 자신을 소개했다. 순간 주마등처럼 스쳐 지나가는 예전의 기억들. 기억을 떠올려 보니 전 남자친구로부터 친한 친구라고 소개도 받았고, 함께 맥주도 여러 번 마셨던 사이였다. 헤어지던 그 순간, 그녀는 너무 힘들었던 그 남자에 관한 기억들을 모두 꽁꽁 묶어 가슴 속 깊이 묻은 후 덮고 또 덮어 놓았던 것이다. 그래서 자주 보았던 사람이었지만 처음 보는 사람처럼 생소하게 느꼈던 그녀. 비단 그녀에게만 해당하는 일이 아니다. 우리는 생각하면 힘든 내 마음의 기억들을 이렇게 마음속 웅덩이 깊이 던져 놓는다.

어떤 상처가 계속해서 나의 마음을 힘들게 할 때, 우리는 두 가지 방법 중 하나를 선택할 수 있다. 상처를 다시 수면 위로 끄집어내서 알아주고, 보듬어 주고, 그때의 나와 다시 직면하는 방법이 첫 번째 방법일 것이고, 상처를 잘 감싸고 포장해서 시간의 흐름에 맡겨 흘려보내는 방법이 두 번째 방법일 것이다.

내 마음속에서 잘 묶어서 흘려보내는 것이 가능한 일이라면 그렇게 하는 것이 좋겠지만, 그렇게 되지 않는 일들이 있다. 특히 그것이 나의 중요한 사람과 연결된 상처인 경우 더욱 그러하다. 예를 들어, 아버지나 어머니와의 관계에서 지속적인 문제가 있어 왔던 경우, 사랑했던 사람과의 관계에서 문제가 있었던 경우에는 그 상처들을 쉽게 흘려보낼 수가 없다.

그저 흘려보낼 수 없는 상처라면 하나씩 그 껍질을 벗기고 더 다가가서 그 상처에 직면하는 방법을 선택해야 한다. 사실 가장 좋은 방법은 상처를 받은 그 시기에 그 상처를 다루어 지금까지 끌고 오지 않는 것이다. 하지만 그때의 나는 어렸고, 그 상처를 이겨 낼 힘이 없었을 것이다. 어떻게 이 상황을 다루어야 할지 지혜가 부족했을 수도 있다. 그러나 세월이 흘러감에 따라 나는 시간 속에서 성장해 왔고, 그 시간 속에서 더 많은 생각을 하고 또 했다. 그동안 나를 지켜봐 주는 누군가가 있었고, 나에게 힘을 주는 사람들도 생겨났다. 그래서 나의 상처를 바라볼 수 있는 용기도 더욱 커졌다. 이렇게 해서 지금, 비로소 나는 나의 상처에 다가갈 수 있는 용기 있는 사람이 되었다.

그날을 생각하면 다시 아프고, 여전히 힘들지만 그 아픔을 언제까지나 내버려 둘 수는 없다. 그리고 이제 그 상처에 직면할 기회가 주어졌다. 그때 내가 말하고 싶던 이야기와 표현하고 싶던 감정이 있었다면 지금 이 시점에서 모두 표현해도 괜찮다. 내가 그때 마음껏 울지 못했더라면, 나의 마음이 충분히 슬퍼할 수 있도록 울어도 좋다. 지금보다 조금 더 어렸던 내가 부인하고 있던 현실이 있었다면 이젠 조금 더 성숙해진 내가 받아들이고 인정하도록 하자. 이기적이었던 나, 속이 좁았던 나, 용기가 없던 나, 구차했던 나, 우유부단했던 나, 비겁했던 나, 거짓말을 했던 나, 가시돋친 말을 내뱉었던 나, 욕심에 눈이 멀었던 나, 남을 배려하지 못했던 나, 고집불통이었던 나, 그 어떤 모습도 다 소중한 나의 모습이다.

상처가 너무 아플 경우 다친 채로 계속 제대로 치유받지 못하고 지내게 된다. 치유를 받기는 커녕, 오히려 아픈 상처라는 이름 때문에 외면을 받게 되는 것이다. 하지만 치유하는 과정에서 가장 중요한 것은 내가 직접적으로 상처를 직면하는 것이다. 상처와 직면하라니, 어렵게 느껴지지 않는가? 맞다. 쉽진 않다. 아픈 이야기는 누군가에게 털어놓기만 해도 많은 도움이 되지만, 어떤 이야기는 쉽게 공유조차 할 수 없는 사적인 이야기들이다. 그래서 친구나 가까운 사람들에게도 쉽게 꺼내지 못한 이야기들이 있다. 그냥 지금껏 그래 왔듯이 언제까지고 마음속에 숨긴 채 가지고 갈 수도 있지만, 상처를 꺼내 보는 것은 언젠가 한번은 겪어야 할 과정이다. 더 깊고 곪은 상처가 되기 전에 꺼내서 그때의 나와 다시 한 번 만나 보는 것은 어떨까?

지금까지 이 상처와 함께 살아온 세월은 어땠는가? 무겁고 힘든 상처와 이제는 작별 인사를 준비해 보자. 오랜 시간 함께 해 왔지만, 이제는 깊은 곳에서 꺼내어 자꾸 말을 걸어 보자. 그리고 이제는 내 마음속에 있는 상처의 부피를 조금씩 줄여 나가 보자. 이제는 그 공간을 행복하고 즐거운 기억들로 하나씩 채워 나갈 시간이다. 서서히 가벼워질 내 마음의 무게에 응원의 메시지를 보낸다.

🍰 마음 살펴보기

• 내 마음의 상처는 어디서 생겨난 것인가?

➜ _____

• 내 마음의 상처는 얼마나 오래된 것인가?

➜ _____

• 내 상처에게 필요한 것은 무엇인가?

➜ _____

• 오래된 상처를 꺼내지 않고 그대로 가지고 있었던 이유는 무엇인가?

➜ _____

• 상처를 꺼내 보지 않은 이유가 합리적이었는가?

➜ _____

- 그 시간 동안 상처를 되돌아보지 않은 것이 나에게 어떤 도움이 되었는가?

➜ _____

- 나의 오래된 상처를 다시 들여다보았을 때 나를 가장 힘들게 하는 것은 무엇인가?

➜ _____

- 다른 상처가 아닌 이것을 선택한 특별한 이유가 있는가?

➜ _____

- 나는 나의 상처로부터 어떤 감정을 느끼는가? 3가지 감정단어를 선택해 보자.

➜ _____

- 나는 나의 상처를 그동안 회피해 왔다. 그래서 나의 마음은 계속해서 불편하고 힘들었다. 나의 마음에게 할 사과의 말을 한 문장으로 만들어 보자.

➜ _____

- 계속해서 마음속에 상처를 숨겨 두는 것과 꺼내어 직면하는 것 중 어떤 것이 미래의 나를 위해 더 좋은 선택이겠는가?

➜ _____

- 상처를 다시 꺼내 본다는 생각을 하였을 때 가장 두려웠던 것은 무엇인가?

➜ _____

32 빈 의자에 앉히기

예상 소요시간: 45분

- 여기에 빈 의자가 하나 있다. 이 의자에는 내가 원하는 사람은 누구나 마음대로 앉힐 수 있다. 빈 의자를 보고 제일 먼저 떠오른 생각은 무엇인가?
- 오늘은 나와 중요한 관계에 있던 사람 중 한 명을 이곳에 부를 것이다. 내가 무언가 말을 하고 싶었는데 미처 하지 못해 지금도 내 마음속에 불편함으로 자리잡고 있는 사람을 이 의자에 한 명 앉힐 것이다. 나는 이 순간 누구를 가장 먼저 떠올렸는가?
- 시간을 되돌려 대화를 하고 싶은 그 대상은 누구인가? 나는 왜 그 대상을 선택했는가?
- 그 사람과의 대화를 준비하기에 앞서 그 사람이 앉을 수 있는 의자를 마련할 것이다. 의자는 어떤 재질이고 어떤 감촉일까? 그 사람이 앉을 의자를 꾸며 보자.

😊 하고 싶은 말이 있지만 미처 하지 못했던 말들. 그리고 여전히 나의 마음속에서 나를 힘들게 하는 누군가. 모두에게 그런 사람이 한 명 쯤은 있다. 어떤 사람에게는 그런 사람이 두 명이 될 수도 또는 그 이상이 될 수도 있다. 내가 여전히 억울한 마음을 가지고 있는 사람에는 누가 있는가. 나에게는 여전히 용서할 수 없는 누군가가 있는가. 내가 여전히 마음에서 떠나보내지 못한 누군가가 있는가. 오늘은 그 사람에 '대해' 이야기를 하는 것이 아니다. 오늘은 그 사람'에게' 이야기를 할 것이다. 즉, 의자에 앉힌 그 사람에게 직접 말을 걸어볼 것이다. 심호흡을 하고 마음의 준비를 하자. 아직 해결되지 않고 내 마음속에 묶여 있던 감정들을 다시 꺼낼 시간이다.

이제, 그 사람이 이 의자에 앉아 있다고 상상을 해 보자. 그 사람이 나의 앞에 앉아 있다. 그 사람을 내가 처음 본 것은 언제였는가? 그리고 마지막으로 본 것은 언제였는가? 만약 마지막으로 만난 후 오랜 시간이 지난 사람이라면 그때의 모습으로 내 앞에 나타났으면 하고 바라는가 아니면 세월이 지나간 그 사람의 모습으로 나타났으면 하고 바라는가? 그 사람은 어떤 옷을 입고 나타났는가? 의자에 앉아 있는 모습은 어떠한가? 당당한 모습인가 아니면 지치고 주눅이 든 모습인가? 나는 그 사람이 어떤 모습으로 나타나기를 바랐는가.

우리는 왜 나를 힘들게 했던 사람을 빈 의자에 불러들여야 할까. 그저 과거의 기억 속에 두지 않고 의자 위에 앉히려는 이유는 무엇일까? 그것은 바로 내가 지금-여기에서 가지고 있는 감정과 생각들을 털어놓기 위해서이다. 나의 감정이 지금-여기에 있어야 비로소 환상이나 상상이 아닌 진짜를 붙들고 이야기하고, 원망하고, 애도할 수 있기 때문이다. 빈 의자에는 누구든 앉힐 수 있다. 비록 실제의 대상은 없지만 그 어떤 이야기도 마음껏 할 수 있다.

사람들이 빈 의자에 불러들이는 대상들은 다양하다. 사랑하지만 너무나 많은 갈등이 뒤얽혀 버린 어머니, 날 한 번도 따뜻하게 인정해 주지 않았던 아버지, 나를 괴롭히던 사람들, 삶의 경계를 넘어가 버려 더 이상 볼 수 없게 된 사람, 마음의 정리를 할 시간도 주지 않은 채 떠나가 버린 연인들이 자주 등장하는 예이다.

한 여성은 빈 의자에 아버지를 앉혔다. 아버지는 그녀를 무척이나 사랑했지만, 그녀의 아버지는 그 이상으로 호되게 그녀에게 높은 기준을 제시했고, 그 기준에 맞지 않았을 경우 크게 화를 내는 분이었다. 그녀는 서른이 넘은 나이임에도 여전히 무서운 아버지의 그늘에서 벗어나지 못하고, 남성에게 의존적이었으며, 다른 사람의 기준에 맞춰 삶을 살아가고 있었다. 그녀에게 지금 아버지의 기준에 맞춰야 할 이유가 전혀 없어 보이지 않냐고 반문을 하였을 때 그녀는 아버지에게 단 한 번도 대들거나 말대꾸를 한 적이 없고, 그것이 늘 법과 같이 자신 속에 내재되어 버린 것 같다고 말을 하였다. 그리고 빈 의자에 앉힌 아버지에게 생애 첫 말대꾸를 시도했다. 그것은 마치 어린아이 같은 옹알이와 같이 시작되었다. 아버지와 처음 마주하고 내 감정을 말한다는 생각만으로도 그녀는 목소리가 떨리고 눈물이 흘러 말을 이어 나가기가 힘들었으니 말이다. 자신의 감정을 말했다는 것만으로도 그녀는 한 발자국 성장할 수 있었다. 그다음에 아버지를 만났을 때 그녀는 아버지 앞에만 서면 늘 혼나던 어린아이에서 한 발자국 더 자란 성인이 되어 가고 있었다.

내가 의자에 앉힌 그 사람에게 하고 싶었던 말을 모두 쏟아내어 보자. 욕설이나 어떤 비난의 말도 괜찮다. 소리를 지르고 싶다면 그렇게 해도 좋다. 눈물이 나올 것 같다면 참지 말자. 나의 감정을 숨기지 말자. 여기에는 아무도 없으니까. 생각하지 말고 쉼 없이 떠오르는 대로 말해 보자.

해결되지 않은 누군가와의 관계는 한 사람의 마음속에 평생의 상처가 되기도, 평생의 응어리가 되어 지속되기도 한다. 이것은 어쩌면 그냥 묻어 두고 갈 수도 있는 이야기들, 그러나 언젠가는 꺼내 보아야 할 그런 마음속 이야기들이다. 이 일을 마음에 안고 살아왔던 나는 그동안 너무나도 고생이 많았다. 나는 그 시간 동안 충분히 힘들어했던 것이다. 누군가를 용서하는 일, 누군가를 잊는 일, 이해되지 않는 누군가를 받아들이는 일. 사실 그것은 평생 불가능한 일일 수도 있다. 하지만 하지 못한 말들을 가슴에 묻고 사는 것보다는 내 마음속에 쌓여 있던 말을 하는 것만으로도 막힌 감정의 뚜껑을 여는 기회를 가질 수 있을 것이다. 조금은 후련하고 조금은 가벼운 기분이 들 수 있게 말이다. 다시금 누군가에 대한 생각에 가슴이 답답해 올 때 여기 이 빈 의자로 되돌아와도 좋다. 내가 무슨 말을 하든 다 받아 주는 빈 의자가 항상 여기에 있다.

마음 살펴보기

• 나는 누구를 빈 의자에 불러들였는가?

➡ _____

• 나는 그 사람과 어떤 일이 있었는가?

➡ _____

• 그 사람과의 힘든 사건은 지금으로부터 얼마나 전에 있었던 일이었는가?

➡ _____

• 나는 구체적으로 그 사람의 어떤 행동과 말이 상처가 되었는가?

➡ _____

• 그 상황에서 잘못한 것은 결국 누구였는가?

➡ _____

• 그때 나의 감정은 어떠하였는가? 감정단어를 3개 선택해 보자.

➡ _____

• 그 사람의 이름을 부른 후, 어떤 말이 가장 먼저 떠올랐는가?

➡ _____

• 결국 어떤 부분이 나를 그렇게 힘들게 했었는가?

➡ _____

• 그 사람도 나만큼 힘들었을까? 왜 나만 이렇게 힘들어야 했었는가?

➡ _____

• 내가 힘이 들면서도 그 사람과의 기억을 놓지 못했던 이유는 무엇이었는가?

→ _____

• 내가 당시 그 사람에게 바랐던 것은 무엇이었는가?

→ _____

• 그 사람에게 내가 하고 싶은 것은 무엇인가?

→ _____

• 그 시간으로 돌아갈 수 있다면 나는 무엇을 하겠는가?

→ _____

• 만약 지금 나의 이야기를 그 사람이 들었다면 그 사람은 내게 어떤 대답을 해 주겠는가?

→ _____

• 오랜 시간 동안 내가 그 사람에게 듣고 싶은 대답은 무엇이었는가?

→ _____

33 삶의 균형 이루기

예상 소요시간: 40분

- 나는 나의 삶에서 어떤 부분에 가장 무게를 두고 있는가?
- 나에게는 여러 가지의 다양한 모습들이 존재한다. 나에게는 몇 가지의 모습들이 존재하는가? 이 모습들은 각각 어떻게 다른가?
- 여기에 여섯 개의 내가 있다. 나는 여섯 가지 나에 대해 어떻게 느끼고 있는가?
- 여섯 명의 나에게 옷을 입혀 주거나, 패턴을 만들어 주거나, 색으로만 가득 채워도 좋다. 여섯 명의 나를 자유롭게 꾸며 주자.

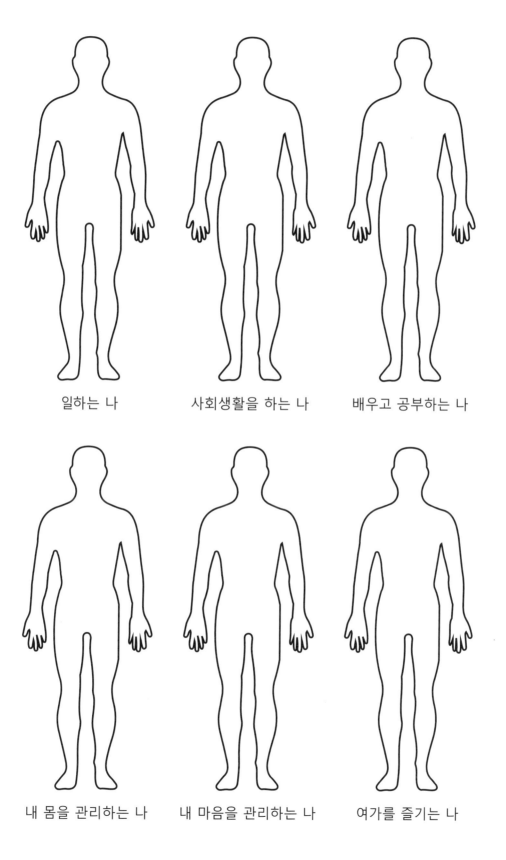

일하는 나   사회생활을 하는 나   배우고 공부하는 나

내 몸을 관리하는 나   내 마음을 관리하는 나   여가를 즐기는 나

😀 나에게는 여러 가지의 모습이 공존하고 있다. 그리고 여러 가지의 내 모습이 모여 지금의 나를 만들어 가는 삶의 균형을 이루고 있다. 이런 삶의 균형을 위한 나의 관리에는 여러 가지 요소가 있는데, 다음은 나의 각 요소의 안녕을 위해 내가 할 수 있는 일들이다. 이 모든 요소는 나의 여러 가지 모습들에 서로 영향을 미치고 있다.

첫 번째로 중요한 것은 신체적 안녕이다. 나의 신체적 건강을 위해서 충분히 잠자고, 골고루 영양소를 갖춰 규칙적으로 잘 먹고, 몸에 이상이 있다고 생각될 때에 병원에 찾아가고, 필요한 경우에는 정기검진을 받아야 한다. 운동은 나의 몸에 여러 가지 측면에서 도움이 많이 된다. 운동을 하면 혈액순환이 좋아지고 스트레스를 줄일 수 있으며, 각종 심장질환을 예방할 수 있다. 또한 운동을 하면 행복 호르몬인 세로토닌 분비가 증가되어 기분이 좋아지고, 혈압이 낮아지며 근력과 지구력이 향상된다. 특별한 운동을 하지 않더라도 엘리베이터 대신 계단을 이용하거나 멀리 주차하는 등의 생활 운동만으로도 많은 것이 변화될 수 있다. 외모를 가꾸는 것도 중요하다. 깨끗하게 씻고 건조한 날씨에는 피부가 거칠어지지 않도록 관리해 주어야 한다.

두 번째로 중요한 것은 영양이다. 설탕이 들어간 음료보다는 물을 충분히 마시고, 음식을 조금씩 자주 먹어서 내가 배고프지 않게 해야 한다. 술을 너무 많이 마시지 않도록 노력하고, 담배를 핀다면 줄여야 한다. 커피나 탄산음료도 몸에 좋지 않기에 줄일 수 있는 만큼 줄이면 좋을 것이다. 가능하면 아침은 거르지 말고, 인스턴트나 패스트푸드 음식보다는 채소와 과일이 포함된 신선한 식사를 하는 것이 좋다. 야식은 즐거운 일상 중의 하나이지만 자기 직전의 식사는 피하는 것이 좋다.

세 번째로 중요한 것은 정신적 안녕이다. 내가 스스로 가치 있다는 생각을 가지기 위해서는 내 삶 속에서의 의미를 찾는 것이 중요하다. 나의 정신적 지지가 되는 가장 가까운 나의 지인과 가족을 소중히 여겨야 한다. 때로는 도심에서 벗어나 자연을 즐기러 가는 것도 좋다. 멀리 가지 않아도 좋다. 내 영혼이 집중될 수 있는 음악을 선택해서 듣거나 볼 때마다 마음이 편안해지는 이미지가 있다면 출력해서 내 방에 붙여 놓는 것도 추천할 만하다. 어떤 대상은 내 삶의 목적을 설정해 주기도 하고, 나에게 희망과 영감을 주기도 한다. 나만의 대상을 골라 나의 영혼에 양분을 주도록 해 보자. 예술 작품 뿐만이 아니라 스트레칭을 하며 명상을 하거나 심호흡을 하며 몸을 편안하게 한 상태에서 긍정적인 자기대화를 적극적으로 활용해 보자. 나에게 생생하게 말을 거는 긍정적 자기대화는 내 삶을 바꿀 수 있는 분명한 힘이 있다.

네 번째로 중요한 것은 창조적인 표현이다. 이것은 대단한 예술작품을 만드는 것이 아닌 일기쓰기와 같은 간단한 작업도 포함한다. 이 책에 나와 있는 여러 가지 프로그램을 진행하는 것도 여기에 포함될 것이고, 만다라만으로 매일 일기를 작성해 보는 만다라 일기도 창조적인 활동을 위해 추천한다. 어떤 쓰고 싶은 이야기가 있다면 간단한 이야기로 이루어진 글을 써 보는 것도 도움이 많이 된다. 짧은 수필도 좋고 하루의 감정이 담긴 간단한 시를 적어 보아도 좋다.

다섯 번째로 중요한 것은 여가이다. 하루에 단 몇 분이 되더라도 긴장을 풀고 편안히 있을 수 있는 시간을 꼭 가져 보자. 따뜻한 물로 샤워를 하거나 입욕을 하는 것은 그 시간을 확보할 수 있는 좋은 수단이다. 공부나 어떤 준비를 위한 책이 아닌 단지 재미를 위해 소설책을 골라 읽어 보자. 내 마음속의 아이가 밖으로 나와 뛰어놀 수 있도록 다양한 나만의 취미생활을 찾아보자. 미술관을 방문하거나, 여행을 가거나, 친구를 만나 수다를 떨거나, 새로운 무언가를 배울 수도 있다.

마지막으로 중요한 것은 삶의 태도다. 내가 할 수 있는 것에는 최선을 다하고, 내가 변화할 수 없는 것은 받아들이자. 나에게 스트레스를 주는 사람은 만날 필요가 없다. 적극적이고 확신에 찬 태도를 유지하고, 내가 바꿀 수 있는 부분만을 바꿔 주자. 내게 열등감을 느끼게 할 사람은 나 이외에는 없다는 사실을 꼭 기억하자.

🍰 마음 살펴보기

• 나는 나의 일을 좋아한다고 생각하는가?

➜ _____

• 좋아한다면 혹은 좋아하지 않는다면 그 이유는 무엇인가?

➜ _____

• 내가 사람들과 사회관계를 맺는 데 힘이 드는 점은 무엇인가?

➜ _____

• 더 나은 사회관계를 위해 내가 할 수 있는 일은 무엇인가?

➜ _____

• 나는 배우는 것을 좋아하는 사람인가?

➜ _____

• 나는 그동안 무엇을 배워 왔고, 내가 잘하는 것은 무엇이 있는가?

➜ _____

• 아직 배우지 못했지만 앞으로 배우고 싶은 것은 무엇인가?

➜ _____

• 나는 나의 건강을 위해 어떤 노력을 하고 있는가?

➜ _____

• 내 몸을 위해 올바른 영양분 섭취와 운동을 하고 있는가?

➜ _____

• 나의 마음을 위해 지난 한 달간 내가 했던 것들을 생각해 보자.

➜ _____

• 내가 스스로를 위해 지속적으로 투자하고 있는 것이 있는가?

➜ _____

• 내가 최근에 나에게 주었던 가장 큰 선물은 무엇인가?

➜ _____

• 나는 무엇을 할 때 가장 즐겁고 행복한가?

➜ _____

• 여가생활을 위해 나는 얼마큼의 시간과 돈을 사용하고 있는가?

➜ _____

• 아직 도전해 보지 못했지만 앞으로 하고 싶은 취미생활이 있는가?

➜ _____

마음 맡기자

감정단어
리스트

🌸 기쁨에 관련된 단어

기쁘다, 고무적이다, 뭉클하다, 반갑다, 벅차다, 감격스럽다, 감동적이다, 감사하다, 살맛난다, 짜릿하다, 쾌적하다, 포근하다, 행복하다, 날아갈 듯하다, 환상적이다, 흥분된다, 흔쾌하다, 후련하다, 싱그럽다, 든든하다, 만족스럽다

🌸 화남에 관련된 단어

기분 나쁘다, 모욕적이다, 무섭다, 복수심이 든다, 고통스럽다, 괘씸하다, 소름 끼친다, 속상하다, 불쾌하다, 꼴사납다, 북받친다, 불만스럽다, 쓸쓸하다, 약오르다

🌸 슬픔에 관련된 단어

슬프다, 실망스럽다, 울적하다, 애가 타다, 언짢다, 애통하다, 염려스럽다, 외롭다, 우울하다, 음울하다, 절망적이다, 착잡하다, 지루하다, 창피하다, 처량하다, 허탈하다, 고독하다, 공포스럽다, 괴롭다, 서운하다

🌸 즐거움에 관련된 단어

명랑하다, 밝다, 산뜻하다, 다정하다, 따사롭다, 신난다, 유쾌하다, 가볍다, 상냥하다, 편안

하다, 친숙하다, 흐뭇하다, 흡족하다, 희망차다, 애틋하다, 순수하다, 사랑스럽다

❀ 기타 감정에 관련된 단어

수줍다, 어색하다, 애매하다, 엉뚱하다, 위태위태하다, 유감스럽다, 지루하다, 태연하다, 긴장되다, 다행스럽다, 당황스럽다, 따분하다, 모호하다, 무기력하다, 미심쩍다, 미안하다, 민망하다, 싫증 나다

에필로그

현대인들은 어떤 질문이 있다면 반드시 그 질문에 해당하는 답이 있다는 것을 익숙하고 편안하게 받아들이는 경향이 있다. 그러나 이 책에서 던지는 질문에는 답이 없다. 마음 일기장은 내가 만들어 가는 답으로 내용이 만들어지는 세상에 단 하나뿐인 책이기 때문이다. 나의 이야기로 직접 대답하고, 그림을 그리고, 탐색해 가는 과정을 통해 만들어진 이야기는 이 책의 스토리가 된다. 정해진 답이 없다는 것은, 나의 감정과 생각 역시 정해진 답이 없다는 뜻이다. 타인이 나에게 기대하는 행동은 정해져 있을지 모르지만, 나의 욕구와 감정은 나 스스로 발견해 나가며 유동적으로 변화하는 이야기이기 때문이다. 그래서 시간이 지난 후 이 책을 다시 펼쳐 보면, 아마 처음과는 다른 대답을 하는 자신을 발견할 수 있을 것이다.

마음 일기장을 덮은 이후에도 여전히 바쁘게 살아가면서 '나'를 생각하는 시간을 하루에 몇 분씩이라도 꼭 갖기를 바란다. 다가오지도 않은 미래를 걱정하며 낭비하는 시간에 나의 강점을 생각하는 건강한 시간을 가지고 스스로에게 힘이 될 수 있는 나의 자원들을 잊지 않았으면 한다. 또한 아픈 상처는 그저 숨겨 둘 것이 아니라 용기 내어 바라보고 흘려보내어 마음속 짐을 홀로 짊어지고 가지 않기를 바란다. 더 행복하고 삶의 에너지가 더 충만한 당신의 미래를 응원한다.

저자 **김소울**은 홍익대학교에서 미술을 전공하고, 미국 플로리다 주립대학교에서 한국인 최초 미국 미술치료학 박사 1호이자 국내 최연소로 미술치료학 박사학위를 취득하였다. 현재 한국열린사이버대학교 상담심리학과 특임교수이자 가천대학교 조소과 객원교수이다. 또한 플로리다 마음연구소 대표와 국제임상미술치료학회 회장을 재직하고 있다.

Thinking Project 정서인지융합연구소 선임연구원, 아이캣미술치료연구소 대표로 활동하였으며 행정자치부 주관의 '예술, 사랑을 말하다' 등 다수의 정부 프로젝트를 주관하며 많은 이에게 치유의 에너지를 전달하고 희망을 주는 데 앞장서고 있다.

저서로는 『오늘밤, 나혼자 만나는 나에게』『하버드 생각루틴』『아이마음을 보는 아이그림』『내마음에 비친 내모습』『숲속의 힐링캣』『식욕의 배신』이 있다. 역서로는 『집단미술치료 프로그램 핸드북』『자존감 향상을 위한 미술치료』가 있다.

김소울의 플로리다 마음연구소 www.floridamaum.com
블로그 soularttherapy.co.kr
이메일 soulkim0317@gmail.com

셀프 미술치료를 위한

그림으로 그리는 마음 일기장
Mind drawing for better perspective

2017년 10월 20일 1판 1쇄 발행
2024년 9월 25일 1판 5쇄 발행

지은이 • 김소울
펴낸이 • 김진환
펴낸곳 • (주)학지사

　　　　04031 서울특별시 마포구 양화로 15길 20 마인드월드빌딩
대표전화 • 02-330-5114　　팩스 • 02-324-2345
등록번호 • 제313-2006-000265호

홈페이지 • http://www.hakjisa.co.kr
인스타그램 • https://www.instagram.com/hakjisabook

ISBN 978-89-997-1392-7　03180

정가 18,000원

출판미디어기업 **학지사**

간호보건의학출판 **학지사메디컬** www.hakjisamd.co.kr
심리검사연구소 **인싸이트** www.inpsyt.co.kr
학술논문서비스 **뉴논문** www.newnonmun.com
교육연수원 **카운피아** www.counpia.com
대학교재전자책플랫폼 **캠퍼스북** www.campusbook.co.kr